세계의 정원 디자인

작가들의 가든 포트폴리오
첼시가 사랑한

WORLD
BEST
GARDEN
DESIGN

김원희 엮음

세계의 정원 디자인

엮은이 김원희

사계절 아름다운 정원을 디자인, 시공하는 가든 디자이너. 자연주의 정원을 지향하며 개인 정원뿐만 아니라 공공정원, 상업공간 등 다양한 정원·식물 작업을 하고, 개인과 단체를 대상으로 정원 수업도 진행한다. 세계적인 정원가 '피트 아우돌프'에 관한 영화 <Five Seasons>를 한국에 처음 소개했으며, 2018년 일본 세계가드닝월드컵에서 '최우수디자인상'(최재혁 작가와 협업)을 수상했다. 2019년부터 매년 첼시 플라워 쇼에 프레스로 참석하여 다양한 정보 제공과 강의를 하고 있다.

http://www.gardenworks.co.kr | www.instagram.com/wonheekim33

초판 1쇄 발행일	2018년 6월 2일		
초판 4쇄 발행일	2024년 1월 30일		

발행인	이 심	발행처	㈜주택문화사
편집인	임병기	출판등록번호	제13-177호
책임편집	이세정	주소	서울시 강서구 강서로 466 우리벤처타운 6층
편집	조고은·신기영	전화	02-2664-7114
디자인	최리빈	팩스	02-2662-0847
마케팅	서병찬	홈페이지	www.uujj.co.kr
총판	장성진	표지사진	The Freeth Farmhouse by Robert Myers
관리	이미경		©Alex Ramsay
인쇄	북스	정가	38,000원
용지	영은페이퍼㈜	ISBN	978-89-6603-042-2

이 도서의 국립중앙도서관 출판예정도서목록(CIP)은 서지정보유통지원시스템 홈페이지(http://seoji.nl.go.kr)와 국가자료공동목록시스템(http://www.nl.go.kr/kolisnet)에서 이용하실 수 있습니다. (CIP제어번호 : CIP2018015380)

An Englishman's Retreat by Chris Beardshaw ©Chris beardshaw

Norfolk Garden by Adam Frost ©Adam Frost

책을 엮으며

정원 애호가들에게 바침

늦게 시작한 정원 공부는 언제나 허기가 져 밤을 새며 국내·외 자료를 찾아 헤매는 시간의 연속이었다.

정원 작가들의 홈페이지를 둘러보고 세계 가든 쇼 현장을 방문하면서, 보는 만큼 감각이 쌓이고 아이디어를 얻을 수 있다는 사실을 절감했다. 특히 영국의 첼시 쇼를 수년째 관람하며 각 정원의 규모가 실제 우리나라 일반 정원 크기와 비슷하다는 생각을 했다. 아직은 대중적으로 직접 가기 어려운 첼시 쇼와 참여 작가들의 작품 정원을 국내에서 쉽게 볼 수 있다면 좋겠다는 소망이 책의 출발이었다.

이 책에 소개된 작가들은 다소 까다로운 기준으로 선정했다. 최근 첼시 출품작과 SGD(영국 가든디자이너협회) 간행물, 그외 해외 수많은 잡지와 가든 관련 온라인 포털 등을 통해 유럽뿐 아니라 세계의 가든 트렌드를 이끌어 가는 디자이너들로 압축했다. 그들의 포트폴리오와 최근 활동 동향, 전화와 이메일을 주고 받으며 오랜 시간 수렴 과정을 거쳤다.
작가들과 직접 소통하는 시간은 가끔 고되고, 주로 행복했다. 알아듣기 힘든 영국식 엑센트로 곤란을 겪기는 했지만, 대부분의 작가들은 한국의 정원 애호가들을 위해 기꺼이 포트폴리오를 공유해 주었다. 쇼 가든으로만 한정하면 다소 편협할 거란 생각에 작가 개인적으로 작업한 주택 정원, 테라스와 옥상 가든, 학교나 병원 시설의 공용 정원까지 현실감 있게 구성하는 데 힘을 기울였다.

정원을 만드는 일은 많은 준비와 시간이 필요한, 힘든 작업이다. 하지만, 정원을 보고 즐기는 일은 항상 즐겁고 기쁘다. 정원을 사랑하는 이라면, 이 책을 통해 세계의 멋진 정원들을 여행하는 듯한 기분을 느꼈으면 한다. 특히 조경을 전공했지만 정원 디자인이나 플랜팅 공부가 필요한 학생, 건축 설계를 하지만 정원 아이디어는 제시하기 어려운 건축가, 무엇보다 어떤 식물을 어떻게 어울려 심어야 할지 고민인 모든 이들에게 첼시 작가들의 아이디어를 마음껏 적용해보라 권하고 싶다.

내가 그랬듯이 그들의 다채로운 정원을 보는 것만으로 행복한 시간이 될 것이다.
그리고 그 시간은 누구에게나 아름다운 기억으로 남을 것이다.

정원 디자이너
김원희

CONTENTS

James Basson

p010

Jo Thompson

p040

Tom Stuart-Smith

p060

Charlotte Harris + Hugo Bugg

p068

James Alexander Sinclair

p084

Adam Frost

p156

Charlotte Rowe

p184

Darren Hawkes

p204

Robert Myers

p254

Sarah Price

p272

Andy Sturgeon

p302

Kazuyuki Ishihara

p318

Chris Beardshaw

p338

Kate Gould

p352

Fernando Gonzalez

p370

Sophie Walker

p386

Garden Designer Piet Oudolf

p106

Gertrude Jekyll Garden

p242

International Flower Show

p396

Hauser & Wirth Somerset by Piet Oudolf ©Jason Ingram

James Basson

United Kingdom

제임스 바순 | 영국

지속 가능하고 관리가 쉬운 내추럴 랜드스케이프 추구

영국 출생으로 남프랑스 모로코에 스튜디오를 두고 활동하는 제임스 바순은 특히 건조 지역, 지속가능한 정원에 대한 열정을 바탕으로 전통과 현대를 아우르는 디자인 정원을 만들고 있다. 첼시 쇼 외에도 일본 가드닝 월드컵, 싱가폴 가든 페스티발, 필라델피아 플라워 쇼 등에서 많은 수상을 한 경력을 갖고 있다. 그는 내추럴 랜드스케이프를 주제로 지중해성 식물, 자연에서 얻은 소재와 계절별 식물을 주제로 꾸준한 연구를 수행 중이다. 특히 에콜로지 식재 계획의 생존 가능성을 높이기 위해 식재 디자인의 매트릭스 형태를 계속적으로 개발하는 등 새로운 노력을 더하고, 이 결과를 자신의 여러 정원 디자인 작업에 적용해 오고 있다. 2017년 첼시 쇼에서는 몰타의 자연환경을 재현한 작품으로 금상을 받았고, 프랑스 남부에 조성한 개인 정원들은 지역 및 기후적인 특성을 살리면서도 남프랑스의 아름다움을 담은 개성 있는 정원으로 평가받고 있다.

주요 작품
Cagnes sur Mer
Tourrettes sur Loup
St Remy de Provence

수상작
2017, 2016, 2015 첼시 쇼 금상, 최고상
일본 가든 월드컵
필라델피아 플라워 쇼 등에서 수상

SCAPE DESIGN
www.scapedesign.com

M&G Garden

몰타 지중해 풍경에서 영감을 얻어 디자인한 정원으로 그 지역의 생태적 다양성과 지속가능성에 대한 메시지를 담고 있다. 높은 기념비와 작은 기둥은 라임스톤으로 전체 구조를 만들고, 각 기둥 주위에 미세 생육 조건을 고려한 식재를 했다. 몰타 정부의 협조로 몰타산 식물들을 다양하게 만나볼 수 있다. ● 2017 Chelsea Show

James Basson

James Basson

James Basson

James Basson

James Basson

L'Occitane Garden

프로방스 지방의 숲을 재현한 프로젝트로 그 지방에서 많이 볼 수 있는 아몬드 나무를 심고, 정원 가장자리에 라벤다를 식재했다. 향기와 컬러가 정원의 주요 테마이며, 여기 사용된 모든 식물은 해당 지역에서 자라는 것들이다. ● 2016 Chelsea Show

James Basson

©James Basson

James Basson

James Basson

James Basson

Perfumer's Garden in Grasse

프랑스 남부 향수 산업의 중심지인 그라스 지방을 주제로 그곳의 역사와 식물들을 사용하여 구성한 정원이다. 금목서, 아이리스, 벨가못, 라벤다, 타임 등을 주로 식재했다. 가장자리에 심은 무화과와 로즈마리는 마당에서 세탁물을 말릴 때 그 향기를 물들게 하는 역할을 한다.

● 2015 Chelsea Show

James Basson

James Basson

24

James Basson

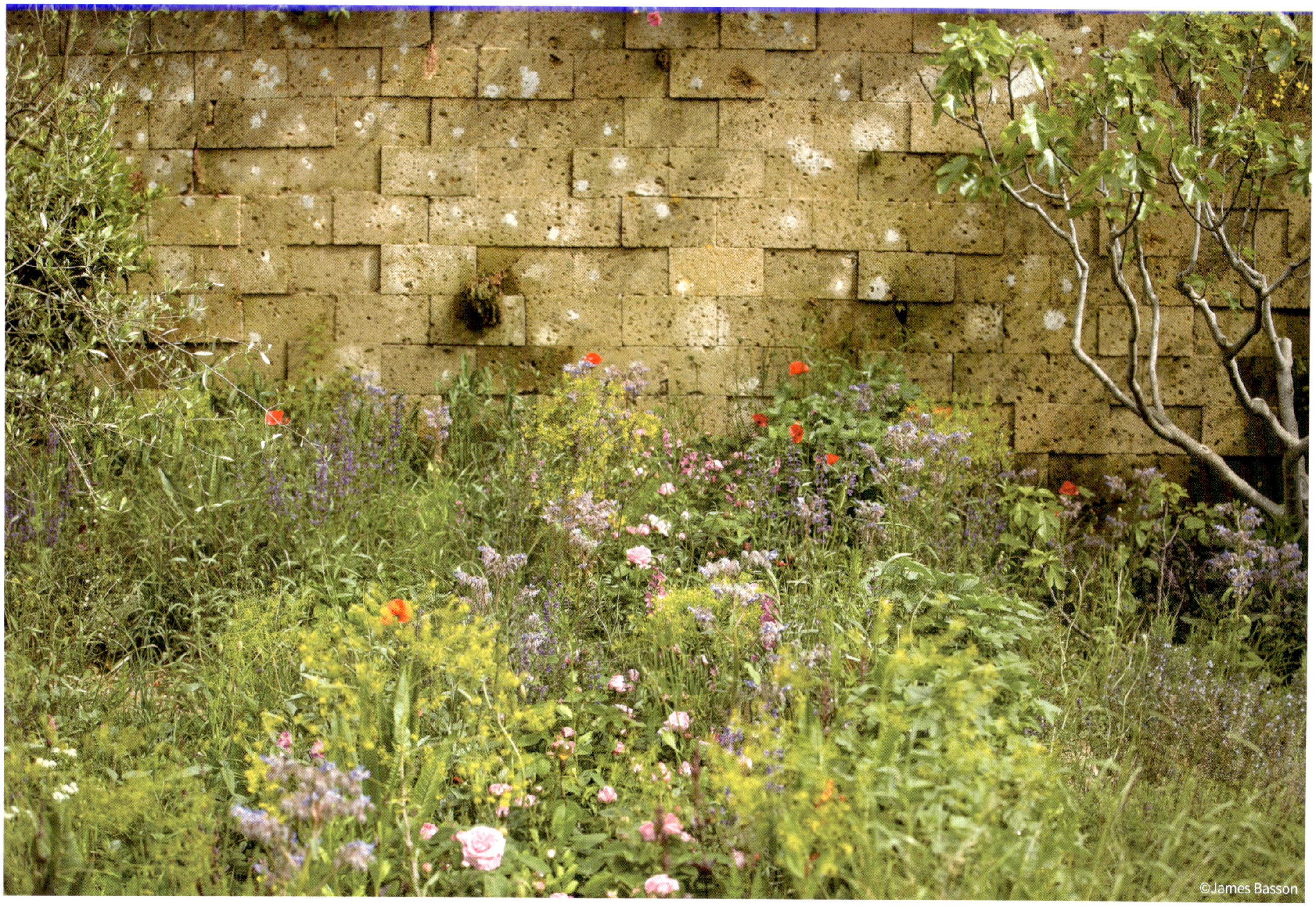
©James Basson

©James Basson

©James Basson

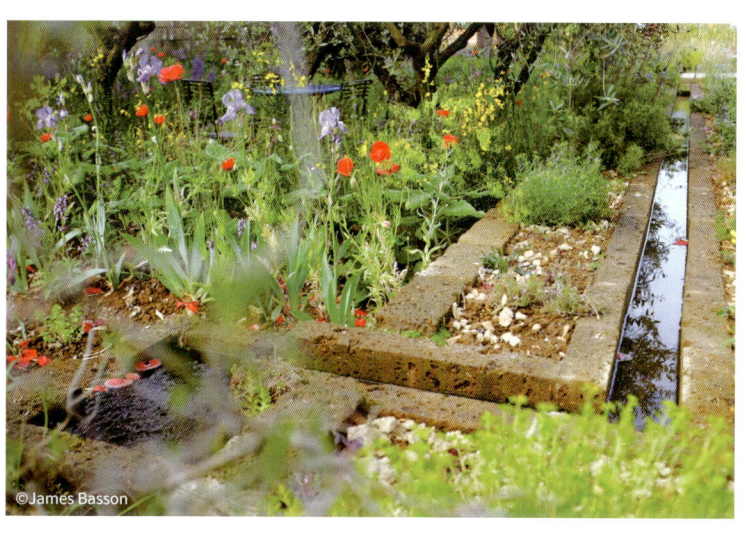

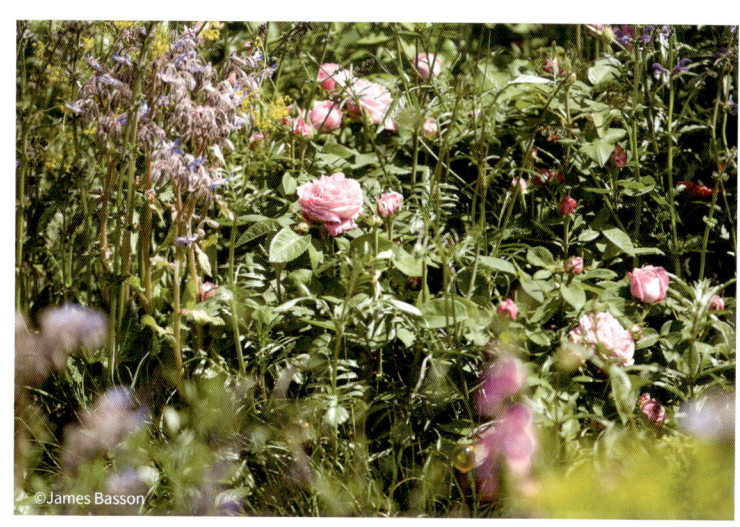

Cagnes sur Mer

도시 감각으로 설계된 이곳은 스틸로 만들어진 바가 전체 정원의 구조적인 아름다움과 리듬감을 준다. 고연령층의 세 가족이 사는 곳으로 관리를 쉽게 하기 위해 바닥에 자갈을 깔고 물관리를 최소화할 수 있는 식물을 선택했다. ● Cagnes-sur-Mer, France

James Basson

James Basson

Tourrettes sur Loup

전체적으로 매우 건조한 환경의 정원으로 전통적인 소재를 현대적인 방법으로 표현한 프로젝트다. 단순하면서 부드러운 분위기를 조성하기 위해 식물과 석축의 컬러를 조화시켜 연출했다. ● Tourrettes sur Loup, France

James Basson

31

James Basson

James Basson

James Basson

St Remy de Provence

정원에 모던한 패턴을 선사하는 코르텐강은 수로의 역할을 하며 동시에 그래픽적인 아름다움을 보여준다. 작은 돌로 멀칭한 정원에는 건조에 강한 식물을 심어 관리를 쉽게 하고, 아몬드 나무를 식재해 높이감을 줬다.

● St Remy de Provence, France

James Basson

36

James Basson

James Basson

38

James Basson

Jo Thompson
United Kingdom

조 톰슨 | 영국

환경과 어우러지는 섬세한 정원을 추구하다

20대 시절 런던에 있는 허름한 옥상정원(roof top) 작업을 시작으로 지금까지 가족을 위한 패밀리 정원, 컨트리 가든, 공원, 가든 쇼 등 다양한 형태의 정원을 디자인하며 영국을 넘어 세계적으로 유명한 작가가 되었다. 주변 환경에 어울리는 다양한 스타일과 섬세한 식재로 완벽한 디자인을 추구하는 것이 그녀의 스타일이다. 주위 환경과 어울리지 않는 정원은 그 자체로 실용성이 부족하고, 완성 후 만족도가 떨어진다는 신념을 갖고 있다. 쇼 가든을 완성할 때도 그 지역의 역사성과 환경적 특성을 살려 의미 있는 작품을 만드는 데 중점을 둔다.

특히 실력 있는 조각가 등 예술가와의 콜라보를 통한 새로운 시도를 즐기며, 동료 작가들은 그녀를 뛰어난 상상력을 토대로 실험적인 정원을 구축한다고 평가한다. 첼시 쇼에 수차례 참가해 세 개의 금상과 7개의 은상을 받은 바 있고(2017년 기준), RHS(영국원예협회)가 주최하는 각종 가든 쇼에 심사를 맡고 있다. 현재 런던 가든 디자인 칼리지에서 플랜팅을 주제로 강의하며, 세계 각국에서 강연 활동을 펼치고 있다.

주요 작품
Chelsea Barracks
M & G Garden
London Square Garden

가든쇼 수상작
2016 첼시 쇼 금상
2015 첼시 쇼 은상
2014 첼시 쇼 금상 외 다수, 미래 디자인상

Jo Thompson Landscape and Garden Design
www.jothompson-garden-design.co.uk

Chelsea Barracks

런던을 흐르던 강에 대한 기억을 되살려 수공간을 정원의 메인으로 재현하고, 섬세한 식재와 고급스러운 벤치 등을 구성해 아름답게 디자인했다. 핑크와 레드 컬러의 장미를 전체적으로 심어 다채로운 색감을 주고 사용자가 편안한 휴식을 취할 수 있는 요소들을 마련했다. 이 공원은 이후 영국 참전용사용 아파트의 정원으로 기증되었다. ●2016 Chelsea Show

Jo Thompson

43

Jo Thompson

Jo Thompson

Natural Swimming Pool

자연스러운 연못 위에 세워진 박공 지붕의 쉘터는 참나무 소재로 만든 2층 높이의 건물이다. 비타 색빌웨스트(Vita Sackville-West), 버지니아 울프(Virginia Woolf) 등의 인물과 스토리에서 영감을 얻어 디자인했다. 주위는 단풍나무와 자작나무를 식재한 숲으로 둘러싸고, 이를 배경으로 장미와 작약의 소프트 핑크, 라벤다 블루, 크림과 오렌지색이 포인트가 된다. ●2015 Chelsea Show

©Jo Thompson

47

Jo Thompson

Jo Thompson

Celebration of Caravanning

1950년대 사용되었던 알루미늄 캐러반 '도리스(Doris)'를 추억하기 위해 만든 재미난 콘셉트의 정원. 전체 정원구조는 단순하고 기하학적이며 통나무 데크와 사암소재 통로를 중심으로 다양한 형태의 벤치를 두어 편안함을 준다. 장미, 샐비어, 아이리스, 그라스가 중심 식물이다. ● 2012 Chelsea Show

53

Jo Thompson

Jo Thompson

Spa Garden

참나무로 프레임을 만든 스파 주위에 요크산 회색 판석이 깔린 공간은 파티 장소로도 쓰인다. 사각 형태로 전정된 회양목으로 공간을 구획하고, 계단 옆에는 에너벌 수국을 중심으로 화이트와 그린으로 꾸민 두 개의 식재 공간이 자리잡고 있다. ● Kent, UK

©Jo Thompson

Tom Stuart-Smith
United Kingdom

톰 스튜어트 스미스 | 영국

세계적으로 활동하는 영국 최고의 가든 디자이너

현존하는 영국 정원 디자이너 중 세계적으로 가장 널리 알려진 작가로 첼시 쇼에서 8번의 금상과 3번의 최고상을 받은 실력가다. 자연주의와 현대적인 감각을 완벽하게 조화시키는 작가로 평가받으며, 국내·외 공공 정원이나 주요 가든 프로젝트에 참여하고 있다. 최근에는 모로코 마라케시(Marrakech)에 이슬람의 전통궁 정원을 현대적으로 해석한 '비밀의 화원(Le Jardin Secret)' 식재 작업을 성공리에 마치고 런던, 스코틀랜드, 스페인 등에 큰 규모의 프로젝트를 진행하고 있다.

그는 25년 전부터 런던 교외에 '반하우스(Barn House)'라는 개인정원을 만들어 두고, 실험적인 식재를 직접 시도해보며 아이디어를 얻곤 한다. 지금은 절판되었기는 하나, 그의 개인정원의 역사와 변화를 담은 책 'Barn house'를 출판해 수익금을 자선 단체에 전부 기부하기도 했다. 현재까지 수많은 매체에서 그의 작업을 소개해 왔고, 지금도 왕성하게 강연 활동을 하고 있다.

주요 작품
Berkshire Garden, Brockhampton Cottages
Hampshire garden, Keepers House Garden
Le Jardin Secret, Marrakech

수상작
2003, 2005, 2006, 2008, 2010 첼시 쇼

Tom Stuart-Smith Ltd Landscape Design
www.tomstuartsmith.co.uk

Laurent-Perrier Garden

부드럽고 섬세한 텍스처가 돋보이는 로맨틱하면서도 모던한 정원이다.
브론즈 소재의 파빌리온 안에 있는 의자 모양의 조각 작품이 자작나무,
직사각의 연못, 둥글게 전정한 회양목과 완벽하게 조화를 이룬다.
그라스, 유포르비아, 블루 아이리스로 대표되는 부드러운 느낌의 식재에
여러 가지 흰 꽃을 더해 조성했다. ● 2010 Chelsea Show

©Marianne Majerus

Wisley Garden

위즐리 가든 200주년 기념 온실 신축 공사와 함께 2헥타르에 달하는 주변 정원을 기존 식물과 연계해 새롭게 정비한 작업이다. 유리집과 둥근 형태의 연못 주위로 다양한 식물을 심어 원예 표본 공간으로 사용되고 있다. ● Wisley, UK

Cheshire Garden

1840년경에 지어진 건축물 주변으로 현대적인 감각으로 재구성한 정원이다. 직사각형 풀에 한쪽은 자주색 무어 그라스를, 한쪽은 다년초를 무리지어 식재했다. 회양목은 구름 형태로 전정해 순수하고도 몽환적인 형태를 만들고, 에키네시아, 헬레늄, 샐비아, 정향풀 등을 심어 화려하게 조성했다. ● Cheshire, UK

Tom Stuart-Smith

Le Jardin Secret

19세기 마라케시의 메디나(구도시) 중에서 가장 큰 리야드(전통 가옥)의 안뜰을 새롭게 단장한 프로젝트이다. 정원의 구성과 식재를 담당하여 작가 특유의 내추럴하면서도 모던한 분위기를 연출했다. ● Marrakech, Morocco

Barn House

런던에서 25마일 정도 떨어진 곳에 톰과 가족이 25년 전부터 일궈온 개인 정원이다. 2014년부터 '가든박물관(Garden Museum)'과 연계하여 일 년에 세 차례 정도 일반인들에게 공개하고 있으며, 새로운 식재를 끊임없이 시도하는 장소다. ● London, UK

©Marianne Majerus

Charlotte Harris + Hugo Bugg
United Kingdom

샤롯 해리스(우) + 휴고 버그(좌) │ 영국

획기적인 소재와 다양한 시도로 주목받는 젊은 디자이너팀

샤롯 해리스(Charlotte Harris)와 휴고 버그(Hugo Bugg), 두 랜드스케이프 디자이너는 2013년 뜻을 모아 해리스 버그 스튜디오(Harris Bugg Studio)를 오픈했다. 이들은 오랜 기간 영국, 미국 및 중동 지역에서 창조적인 여러 작업을 같이 해 오며, 특히 국제적인 공공 공원이나 쇼 가든, 주택 및 상업 공간 등 매우 다양한 분야에 역량을 발휘하고 있다. 휴고 버그는 2014년에 첼시쇼에서 가장 젊은 금상 수상자였으며, 2016년에는 요르단의 아름다움 소나무 숲에서 영감을 얻은 쇼 가든을 통해 독특한 디자인으로 주목을 받기도 했다. 샤롯 해리스의 전공은 역사학이었으나 다양한 첼시 가든쇼의 작가 작업을 도우면서 실력을 쌓다가 2016년 휴고 버그와 협업을 시작했고, 2017년 첼시 쇼에 'Royal Bank of Canada' 가든으로 데뷔와 동시에 금상을 받는 저력을 보여주었다. 이들은 다양한 지역과 자연에서 영감을 얻은 획기적인 소재와 다양한 시도를 통해 젊고 새로운 정원을 조성하는 것으로 유명하다. 관련 강연과 잡지 기고 등 활발한 활동을 통해 미래가 기대되는 젊은 디자이너로 촉망받고 있다.

주요 작품
2016년 싱가폴 가든 페스티벌
Tropical Rainforest 프로젝트, 이탈리아
Royal Botanic Garden, 요르단

가든쇼 수상작
2017 첼시 쇼 금상
2014 첼시 쇼 금상

Harris Bugg Studio
www.harrisbugg.com

Royal Bank of Canada Garden

오염되지 않은 자연과 맑은 물이 있는 캐나다 북부 숲에서 영감을 얻은 디자인이다. 구부러진 소나무와 수직으로 세운 파빌리온의 직선 라인이 대조를 이루고, 화강암 모자이크 바닥에 탄화목 소재의 큐브 의자, 맑은 물을 강조하는 수생식물의 단정한 식재로 구성되었다. ●2017 Chelsea Show

Charlotte Harris + Hugo Bugg

Charlotte Harris + Hugo Bugg

Charlotte Harris + Hugo Bugg

©Harris Bugg Studio

©Harris Bugg Studio

©Harris Bugg Studio

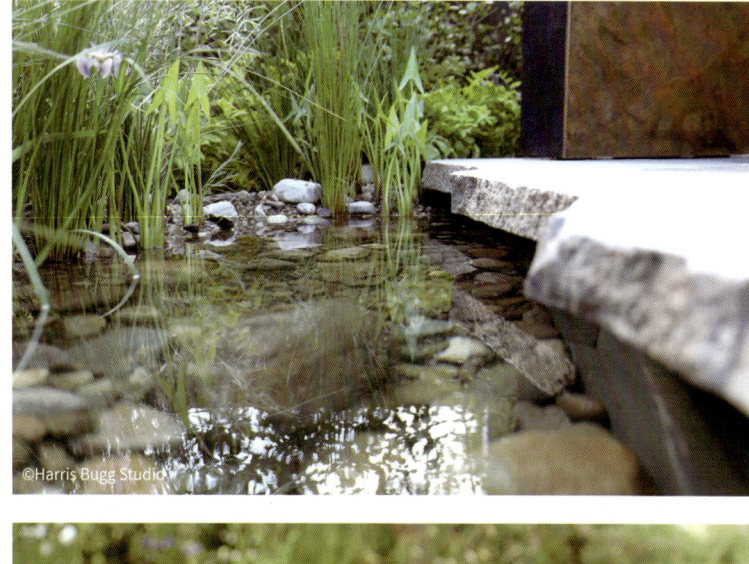

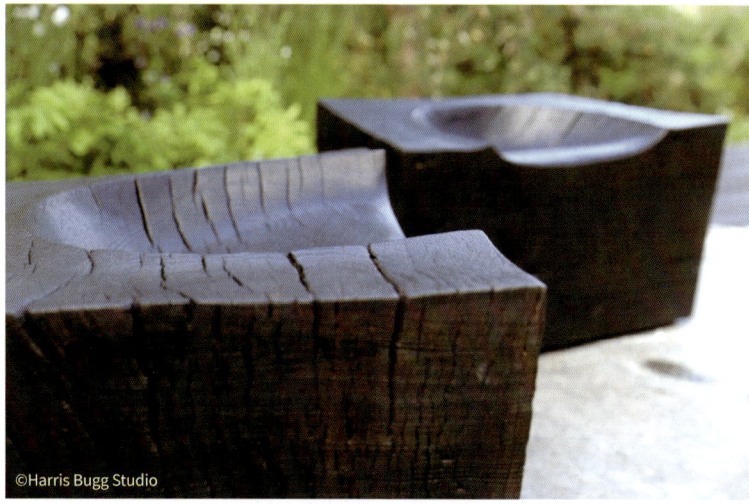

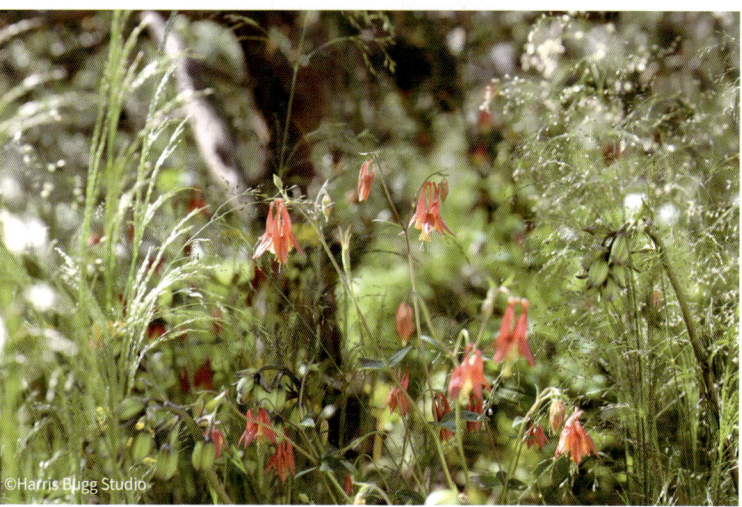

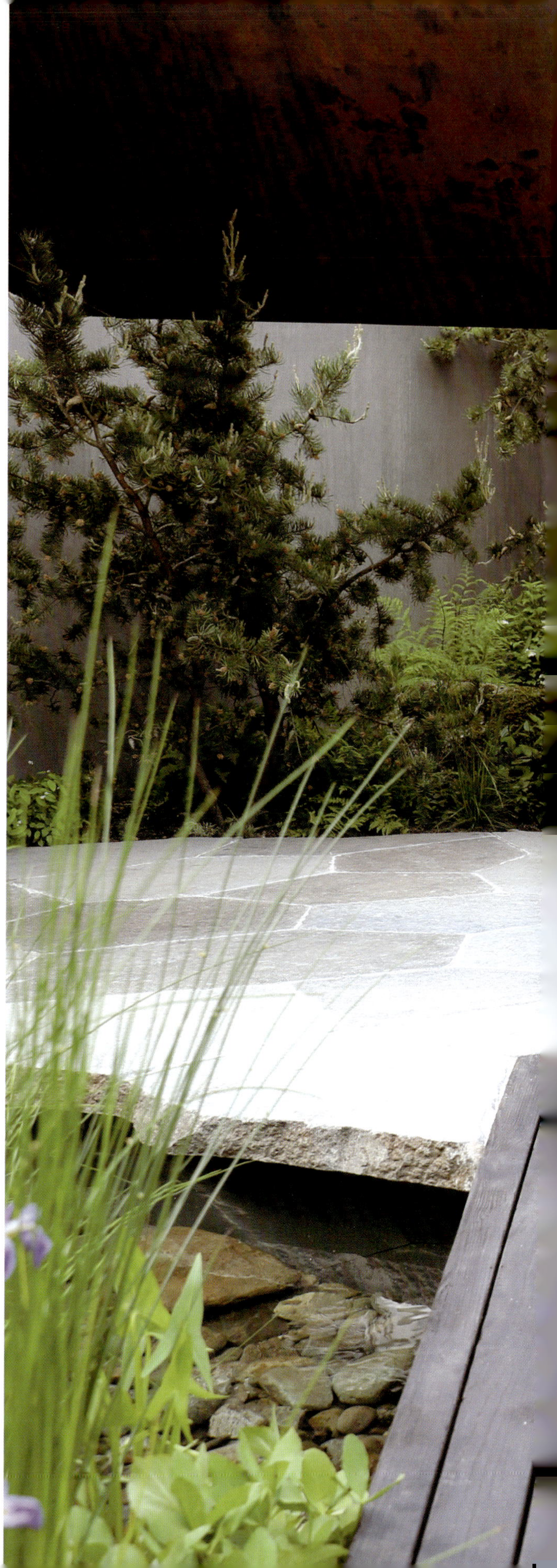

Charlotte Harris + Hugo Bugg

Royal Bank of Canada Garden

요르단 지역에 있는 지중해성 소나무 보호 지역에서 영감을 얻은 정원으로 물을 인류 문화의 신성한 존재로 인식하는 정원이다. 중심에 맑은 연못을 두고 건조한 지역에서도 잘 자라는 식물로 심플하면서도 경쾌하게 식재했으며, 대담한 기학학적 형태의 현무암 구조물을 설치해 대조적인 인상을 준다. ● 2016 Chelsea Show

Charlotte Harris + Hugo Bugg

©Harris Bugg Studio

75

Charlotte Harris + Hugo Bugg

Charlotte Harris + Hugo Bugg

Charlotte Harris + Hugo Bugg

Notting Hill Courtyard

새롭게 인테리어를 마친 홀란드 파크(Holland Park) 타운하우스 공간에 작업한 그린 인테리어 스타일링이다. 벽면에는 위로 뻗어 올라가는 나무 형태의 고사리를 심고, 낮은 공간에는 그린과 화이트로 단순하고 우아하게 식재한 작업으로 타임지에 그 내용이 소개되기도 했다. ● London, UK

Charlotte Harris + Hugo Bugg

Small town Garden

작지만 매우 섬세한 디테일로 이루어진 정원. 전체적으로 고요한 분위기의 아웃도어 공간에 식사를 위한 테이블, 휴식을 위한 공간 및 담소를 나누는 공간이 나누어져 있어 매우 기능적으로 이용할 수 있다. ● Berkshire, UK

Charlotte Harris + Hugo Bugg

©Harris Bugg Studio

©Harris Bugg Studio

Charlotte Harris + Hugo Bugg

Charlotte Harris + Hugo Bugg

James Alexander Sinclair
United Kingdom

제임스 알렉산더 싱클레어 | 영국

강연과 심사위원, 쇼 해설 등 정원계의 다재다능한 팔방미인

작가, 강연, 방송 출연, 심사위원 등 정원 작업 외에도 매우 다양한 활동을 펼치는 제임스 싱클레어는 영국 정원계의 팔방미인으로 불린다. 그의 활동은 영국뿐 아니라 모스크바 등 외국에서도 이어지고 있으며, RHS 위원회 멤버로 첼시 플라워 쇼 심사위원도 맡고 있다. 이 외 각종 정원 관련 행사나 쇼의 사회를 맡는 등 다재다능한 면모를 보이는 인기 스타다. 1999년에 이어 두 번째 참석한 2017년 첼시 쇼에서는 '소리'를 테마로 한 BBC 라디오 쇼 정원을 만들어 주목을 끌기도 했다. '정원은 대부분 섹스나 죽음, 혹은 유쾌함에 관한 것'이라고 본인의 철학을 밝히는 등, 정원을 조성하는 스토리에 그만의 유머를 더해 설명하는 능력이 출중하다. 영국 대학이나 교외에 위치한 정원에 새롭고 흥미로운 식재와 기획으로 특별한 분위기를 연출하고 있으며, 가드닝 관련 잡지와 신문에 칼럼을 기고하고 직접 블로그와 비디오 일기 등을 쓰는 역동적인 디자이너다.

주요 작품
Eton College Garden
Wormington Garden
Everdon Garden

저서
Gardeners' World: 101 Bold and Beautiful Flowers(2008)

JAMES ALEXANDER-SINCLAIR
http://jamesalexandersinclair.com

Listening Garden

많은 관람객으로 소란스러운 첼시 쇼 현장에서 소리를 주제로 한 정원을 선보였다. 이를 표현하기 위해 세 개의 코르텐강 수조를 만들고 대형 마이크의 울림이 수조 안에서 퍼지는 물결로 느낄 수 있게 했다. 첼시 쇼에서 심사위원 등 다양한 업무를 맡았던 그가 1999년 이후 두 번째 조성한 쇼 정원이다. ●2017 Chelsea Show

James Alexander Sinclair

Eton College Garden

이튼 칼리지 내 정원 세 곳을 새롭게 단장한 프로젝트. 오래된 등나무 대신 핑크와 오렌지 등 의외의 컬러를 믹스해 장미를 심고 발레리안(귀오줌풀), 블루제라늄 등으로 오래된 건물과 대조되는 식재를 구성했다. ● Eton, UK

James Alexander Sinclair

91

James Alexander Sinclair

Wormington Garden

시간의 여유를 두고 하나씩 만들어 간 정원이다. 일 년이 지난 뒤 정원의 상태를 보고 다시 심거나 또 다른 정원을 구상하는 등 식물의 추이를 보며 조성된 정원은 늘 새로운 모습으로 보여진다. ●Wormington, UK

James Alexander Sinclair

James Alexander Sinclair

Cornwall Garden

농가의 헛간을 개조하여 미술관으로 새롭게 태어난 공간이다. 넓은 잔디 구역은 조각 작품을 전시하는 곳으로 조성했다. 봄, 여름 성수기에 가장 아름다울 수 있는 풍경으로 치밀하게 기획되었다. ●Cornwall, UK

James Alexander Sinclair

James Alexander Sinclair

Sulgrave Garden

오래된 풍차가 있는 집에 신선함과 리듬감을 주는 것이 이 리모델링 작업의 포인트이다. 니포피아와 페니쿰 같은 이색식물을 식재하고, 다양한 길을 여러 방향으로 다시 내면서 새로운 모습으로 변모했다. ●South Northamptonshire, UK

Newnham Garden

집 앞마당은 작은 자갈을 깔아 주차 공간으로 쓰고, 나머지 부분은 섬세한 플랜팅으로 디자인했다. 여기에 더해 털수염풀 같은 그라스류가 전체 디자인과 조화를 이룬다. 관리가 편한 것도 장점이다. ● London, UK

James Alexander Sinclair

Everdon Garden

언덕에 위치한 집으로 다소 제약이 있는 환경이었지만, 색다르고 다채로운 전개로 풀어나간 정원 디자인이다. 구역을 나누어 확실한 개성을 연출하는 식재로 구성해, 경사지에서만 볼 수 있는 풍경을 만들었다. ● Northamptonshire, UK

James Alexander Sinclair

James Alexander Sinclair

Heythrop Garden

온실을 둘러싼 정원은 엣지를 드러낸 형태로 만들고 나무 아래나 건물 앞에는 부드러운 컬러와 텍스처를 살린 식물을 심었다. ● Heythrop, UK

Borde Hill Garden

영국 남동부 서섹스 지방의 오픈 정원이기도 한 이곳은 많은 관목과 교목으로 조성되어 있다. 특히 방문객이 많은 늦여름의 풍경을 강조하기 위해 오렌지와 블루 컬러를 다양하게 믹스했다. ● Sussex, UK

SPECIAL
GARDEN DESIGNER

피트 아우돌프 | 네덜란드
PIET OUDOLF

지속적인 아름다움을 추구하는
새로운 정원 세계를 열다

New Perennial Movement

플랜딩과 랜드스케이프, 자연에 가장 가까운 정원을 만드는 가드너계의 대부

현재 미국과 유럽을 포함, 전 세계적으로 랜드스케이프 디자인과 플랜팅 트렌드를 이끌고 있는 인물이 바로 네덜란드 출신의 가든 디자이너, 피트 아우돌프다. 그의 대표작 뉴욕의 하이라인 파크에서 볼 수 있듯이, 다년생 식물을 다양하게 이용해 가장 자연에 가까운 형태로 만드는 것이 그의 디자인 콘셉트다. 이는 'New Perennial Movement'로 불리며, 기본적인 디자인은 건축의 형태적인 면을 강조하는 데서 출발한다. 여기에 식물이 가진 특유의 꽃 형태나 색채를 넘어 계절에 따라 변하는 라이프사이클을 가장 우선 순위에 두고 식재를 계획한다. 식물의 잎사귀나 씨를 맺었을 때의 모양, 꽃이 피기 전과 후를 고려해 형태가 가지는 구조적인 특징에 중심을 둔 디자인이다. 그는 "정원은 한 시기만 아름다운 것이 아니라, 사계절에 걸쳐 그 아름다움이 유지되는 것이 중요하다"며 "이른 봄이든 늦은 가을이든, 어떤 날씨에도 정원의 아름다움을 보여 줄 수 있어야 한다"고 덧붙인다. 이러한 그의 철학은 그가 작업한 정원에서 여실히 찾아볼 수 있다. 특히 덩어리 형태의 다년생 식물을 주로 사용해 시간이 지나도 처음 계획한 형태의 정원을 계절에 따라 순환하며 볼 수 있는 점이 매력적이다.

저서
Hummelo : A Journey Through a Plantsman's Life with Noel Kingsbury (2015)
Planting : A New Perspective with Noel Kingsbury (2013)
Landscapes in Landscapes with Noel Kingsbury (2011)

https://oudolf.com

The High Line

2006년 폐허가 된 오래된 철도를 공원으로 만들어 뉴욕의 명물이 된 곳이다. 크고 작은 나무, 다년초 식물과 그라스들로 각 장소를 조성하여 계절에 따라 변화는 다양한 풍경을 도시 한가운데서 즐길 수 있다. ● New York, USA

Special Garden Designer

Piet Oudolf

114

Special Garden Designer

©Piet Oudolf

Piet Oudolf

116

Special Garden Designer

119

Piet Oudolf

Museum Voorlinden

네덜란드 헤이그(Den Haag) 근교에 위치한 작은 도시 바세나르(Wassenaar)에 2016년 문을 연 현대 미술관이다. 아우돌프는 이곳에 여러해살이 식물을 선명하게 무리지어 심는 식으로 정원을 디자인해 새로운 형태미를 살렸다. 미술관은 잔디와 그라스로 덮인 언덕으로 둘러싸여 있어 실내에서도 야외의 정원을 감상할 수 있다. ● Wassenaar, Netherlands

Piet Oudolf

124

Special Garden Designer

Hauser & Wirth Somerset

2014년 영국 서머셋(Somerset)에 위치한 하우저와 워스(Hauser & Wirth) 아트 갤러리에 조성된 정원. 야외 설치물인 라딕 파빌리온(Radic Pavilliaon)이 자리한 곳까지 한눈에 펼쳐지는 디자인으로, 정원 사이 여러 개의 좁은 길을 따라 관람하는 동선을 마련했다. 오래된 건물과 새 건물을 정원을 통해 조화를 이루게 했고, 갤러리와 가든 사이에 넓은 가지들의 나무를 식재해 액자의 틀 안에서 그림을 보듯, 정원을 감상할 수 있도록 연출했다. ● Bruton, UK

Piet Oudolf

Special Garden Designer

Piet Oudolf

Private Garden Piet Oudolf

네덜란드 동부에 있는 작가의 개인 정원으로 해마다 전 세계 많은 사람들이 방문하는 곳이다. 초기에 부인 엔야(Anja) 씨가 운영하던 농장으로 새로운 디자인이나 식물들이 이곳에서 먼저 시험 단계를 거치고 그의 작품에 적용된다고 한다. ● Hummelo, Netherlands

Piet Oudolf

Piet Oudolf

Piet Oudolf

Special Garden Designer

Lurie Park

시카고 도시 중심에 있는 밀레니엄 파크 공원은 국제 공모에 당선되어 만들어진 것으로, 도시 주변의 환경과 어우러지면서도 지금까지 본적이 없는 새로운 초원 스타일을 제시하고 있다. 섬세하게 설계된 식재로 인해 사계절의 변화가 매우 흥미롭다. ●Chicago, USA

141

Piet Oudolf

142

Special Garden Designer

143

Piet Oudolf

144

Special Garden Designer

Piet Oudolf

Trentham Gardens

전형적인 빅토리안 스타일 정원을 새롭게 리모델링한 프로젝트의 한 부분이다.
그라스와 초화류로 구성된 두 개의 정원은 방문자에게 늘 새로운 즐거움을 준다.

● Trentham, UK

Piet Oudolf

150

Special Garden Designer

Piet Oudolf

Maximilianpark

과거 광산이었던 공간을 공원으로 탈바꿈시킨 프로젝트로 그라스와 다년초들이 조화를 이뤄 사계절 아름다운 정원을 즐길 수 있다. 기존에 있었던 나무들과 자연스럽게 어울리며 동적이면서도 리듬감 있는 공간으로 새로 태어났다. ● Hamm, Germany

©Piet Oudolf

153

Piet Oudolf

Adam Frost
United Kingdom

아담 프로스트 | 영국

환경과 어우러지는 섬세한 정원을 추구하다

식물과 디자인에 남다른 열정을 가진 아담 프로스트는 어릴 적 추억과 경험에서 얻은 영감으로 정원을 디자인한다. 특히 주변 자연 환경과 건축물 뿐 아니라, 그곳에서 생활하는 사람과도 어우러지는 작업으로 첼시 쇼에서만 7번의 금상을 수상했다. 1996년 처음 가든 디자인을 시작해 현재 일본, 싱가포르 등에서도 많은 작품 활동을 하고 있으며 BBC 가드너스 월드에서 주요 멤버로 활동하며 방송에도 자주 얼굴을 비치고 있다. 그는 정원을 조성할 때 기후와 토양 등에 관한 기본 지식을 가지고 시작할 것을 권하며, 정원 식물을 고를 때에도 먼저 콘셉트를 정하고 컬러, 텍스처 등을 고려한 정원을 만들 것을 제안하고 있다. 2017년부터는 링컨셔(Lincolnshire)에 있는 그의 주택과 정원에서 각지에 있는 정원 애호가들을 초청해 워크샵을 개최하고 있으며, 이들에게 식재 및 정원 작업에 대한 다양한 교육을 벌이고 있다. 바쁜 일정 속에도 아름다운 정원이나 건축물을 보러가는 것도 그의 중요한 일과이다.

주요 작품
Norfolk, South of France, Rutland 지역
개인 정원 다수

수상작
2015, 2014 외 다수 첼시 쇼 수상
A Little Time _ Japan 2106
An Urban Jungle _ Singapore 2016

Adam Frost Design
http://adamfrost.co.uk

Urban Retreat

바우하우스 운동과 현대건축가 마르셀 브루어(Marcel Breuer)로부터 영감을 얻어 디자인된 정원이다. 포틀랜드산 콘크리트, 코르텐강, 삼나무 등을 소재로 삼아 강하고 윤곽이 뚜렷한 형태의 인더스트리얼 감각의 구조물을 세우고 식물은 야생의 분위기를 살리는 것들로 선택했다. 도시 생활을 하는 사람들이 자연과 식물을 매개체로 서로 교류하도록 디자인된 커뮤니티 공간으로도 활용되도록 구성했다.

● 2015 Chelsea Show

Adam Frost

©Adam Frost

160

Adam Frost

162

Adam Frost

Time to Reflect

지금까지의 첼시 쇼 출품작 중 가장 작가 본연의 색채를 잘 드러낸 정원으로, 어린 시절 그가 가진 기억에서 영감을 얻어 디자인했다. 그가 사랑하는 영국의 시골풍경과 나고 자란 데번(Devon) 지역의 자연 환경을 떠올리게 하는 분위기이다. 여섯 갈래의 구불구불한 길을 따라 마련된 가족을 위한 다양한 공간에 퍼플블루, 옐로우, 화이트의 식재가 돋보인다.

● 2014 Chelsea Show

©Jason Alden

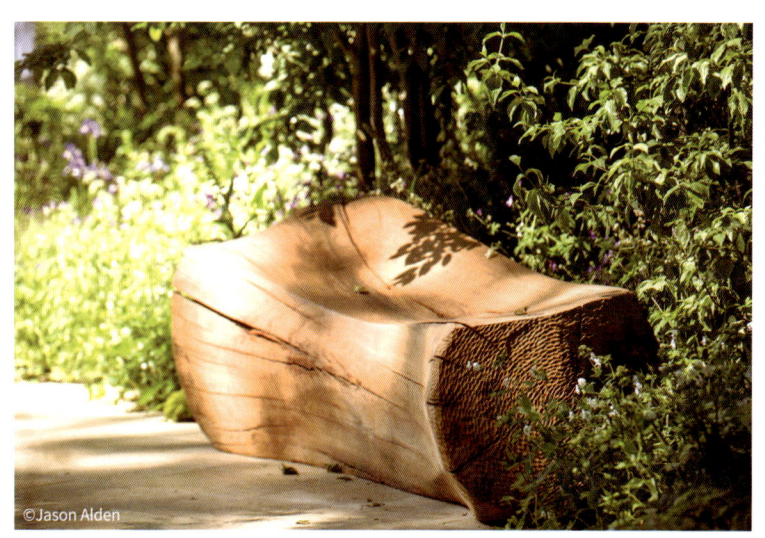

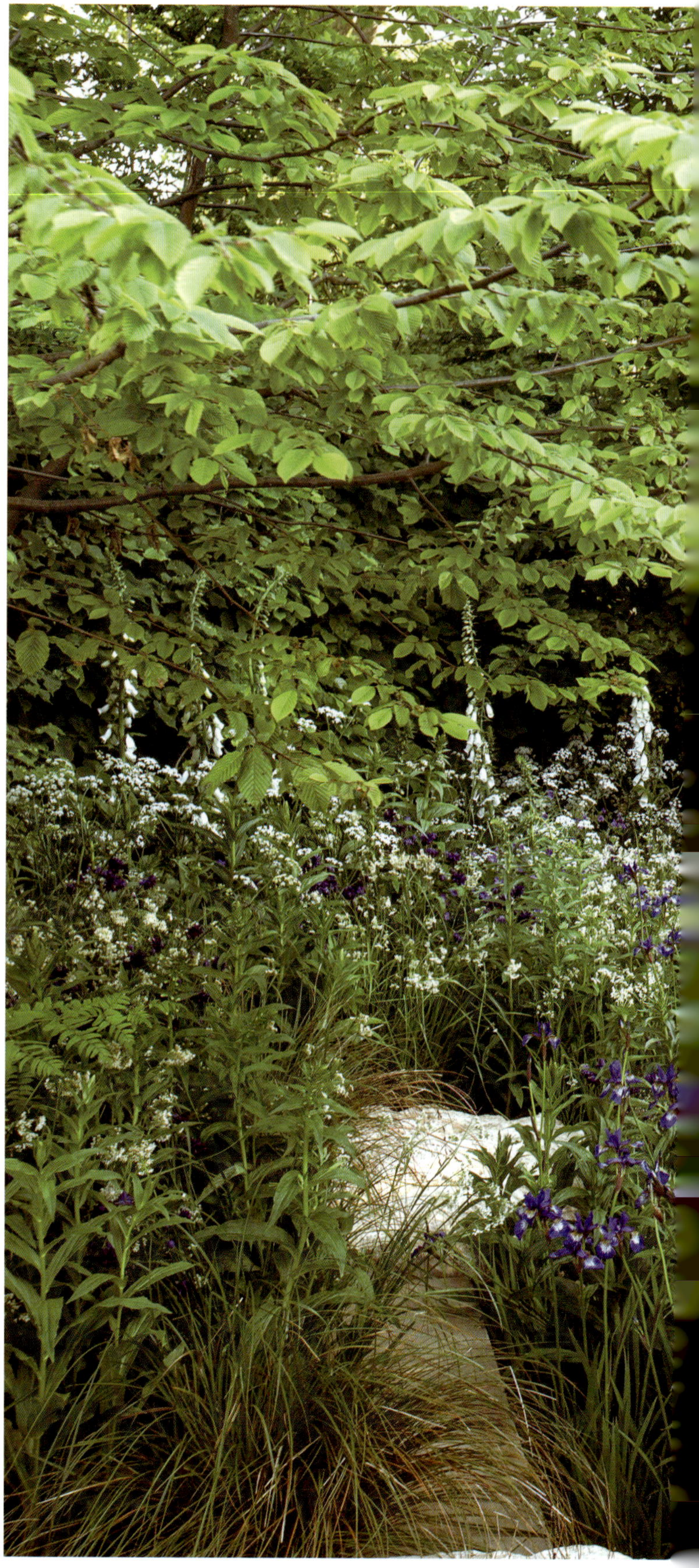

Sowing the Seeds of Change

다양한 방법으로 야생화를 연출한 키친가든. 고사리, 호스타 등 식용이 가능한 독특한 식물과 장식성이 뛰어난 꽃을 다양하게 활용했다. 가족을 위한 정원으로 일상 생활에서 정원을 즐기는 방법을 제시하고 있으며, 어린이들에게 자연과 가드닝, 식물 키우기에 대한 즐거움을 경험시키고자 하는 것이 목적이기도 하다. ●2013 Chelsea Show

Adam Frost

©Tatsuya Shirai

167

Adam Frost

Adam Frost

A Rural Muse

존 클레어(John Clare)의 시에서 영감을 얻어 디자인된 컨트리풍 정원. 숲속 습지 풍경을 재현한 것으로 그가 살았던 시골집 근처에 있는 6개의 작은 길을 오마주해 조성하고, 부드러운 느낌의 다양한 색을 가진 식물로 단순하고 자연스럽게 배치해 영국의 시골 풍경을 떠올리게 한다. ●2012 Chelsea Show

Adam Frost

©Adam Frost ©Tatsuya Shirai

173

Adam Frost

Norfolk Garden

기존 건축물과 소재를 활용한 넓은 규모의 패밀리 가든. 포멀한 주택 주변에 부드러운 텍스처를 가진 식물을 심고, 넓게 펼쳐진 잔디의 가장자리는 무성한 수풀로 채웠다. ● Norfolk, UK

Adam Frost

Adam Frost

South of France Garden

프랑스 남부 전원의 아름다운 풍광을 가진 주택에 그와 어울리는 정원을 구성했다. 지역에서 나는 돌로 낮은 담과 장식벽을 만들고 올리브와 알리움 등 강한 임팩트가 있는 지중해풍 식물을 심었다. ●South of France

Adam Frost

Adam Frost

Charlotte Rowe
United Kingdom

샤롯 로위 | 영국

조명과 수공간으로 연출하는 모던 클래식 디자인의 강자

원래 미술 사학자였던 그녀는 옥스퍼드 가든 디자인 대학(Oxford Brookes University)에서 주거 조경 및 정원 건축학을 공부하고 2004년 런던에 스튜디오를 열었다. 이후 영국을 비롯한 세계 곳곳에 200여 개의 정원을 디자인한 샤롯은 2014년 첼시 쇼에서 'No Man's Land'로 금상을 수상했다. 이 정원은 첼시 쇼 최초로 1차 세계대전에서 희생된 병사를 추모하는 콘셉트로 작업되어 당시 큰 반향을 일으켰다. 그녀는 특히 정원 조명 분야에서 독보적인 실력을 보여 3년 연속 SGD 영국가든디자이너협회의 최고상을 받기도 했다. 조명과 함께 수공간을 디자인하는 능력도 뛰어나 낮과는 다른, 매우 분위기 있는 밤 풍경을 연출하기로 유명하다. 이런 작업 스타일은 도심 테라스나 루프탑 가든에서 더욱 그 진가를 발휘한다. 또한 스튜디오 내 디자인팀을 따로 두고 벤치, 트렐리스, 수공간, 화분 등을 직접 제작해 정원의 완성도를 높이고 있다. 'House & Garden' 등 다양한 잡지에 가든 및 인테리어를 주제로 작품과 글을 싣고 있다.

주요 작품
Canalside Garden, Cobham Garden
Somerset Garden, Formal Italianate Garden
Large Roof Garden in Hampstead

가든쇼 수상작
2014 첼시 쇼 금상
The Daily Telegraph/House & Garden Fair 2006
Modern show garden: Time To Dream

Charlotte Rowe Garden Design
www.charlotterowe.com

No Man's Land

100여 년 전 1차 대전이 일어났던 서부 전선를 형상화하고, 전쟁에서 희생된 장병들을 추모하는 콘셉트의 정원이다. 그라스로 덮인 작은 언덕, 둥근 연못, 콘크리트 등을 모티프로 하여 당시의 현장과 전사자들을 기리는 마음을 표현하였다. ●2014 Chelsea Show

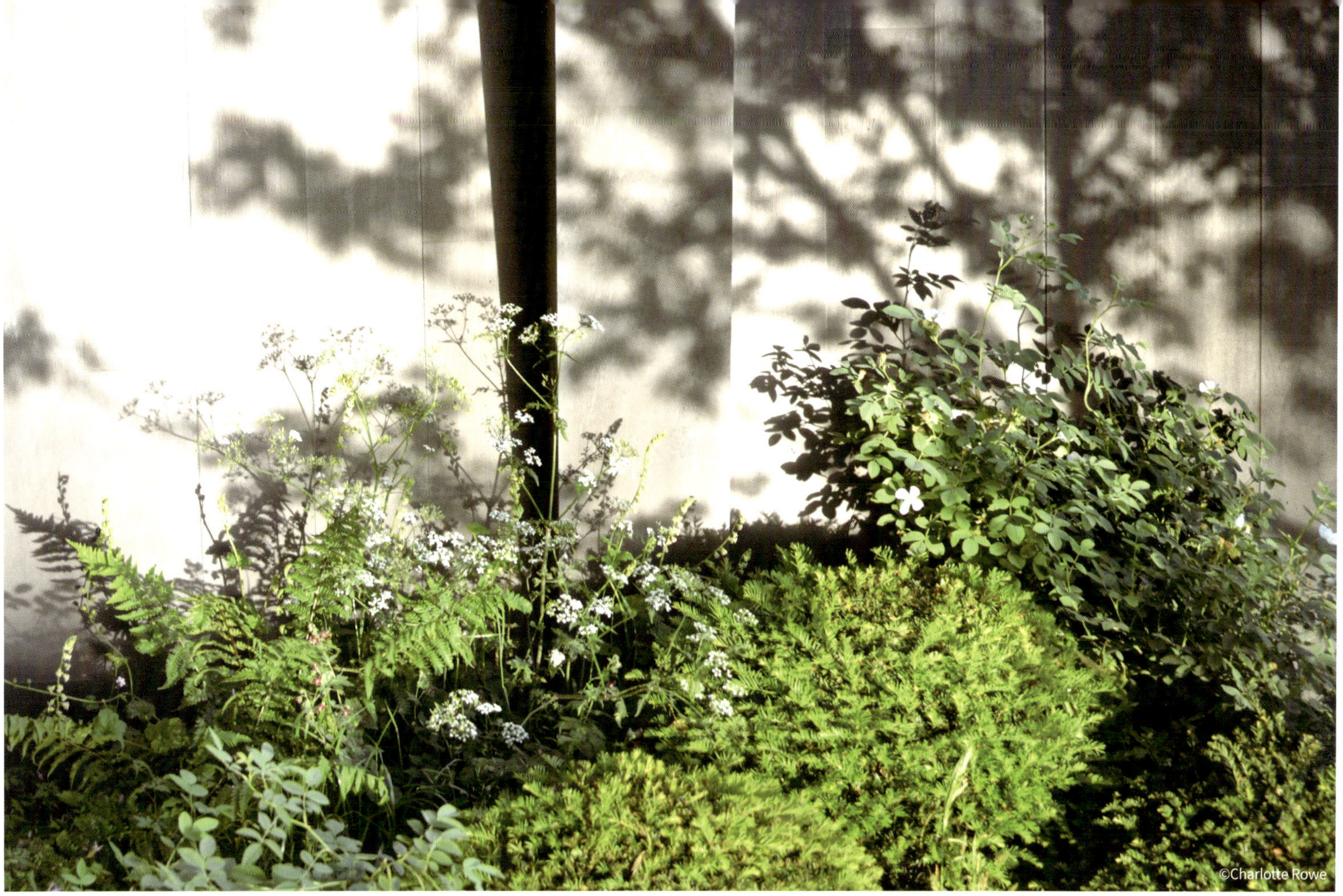
©Charlotte Rowe

©Charlotte Rowe

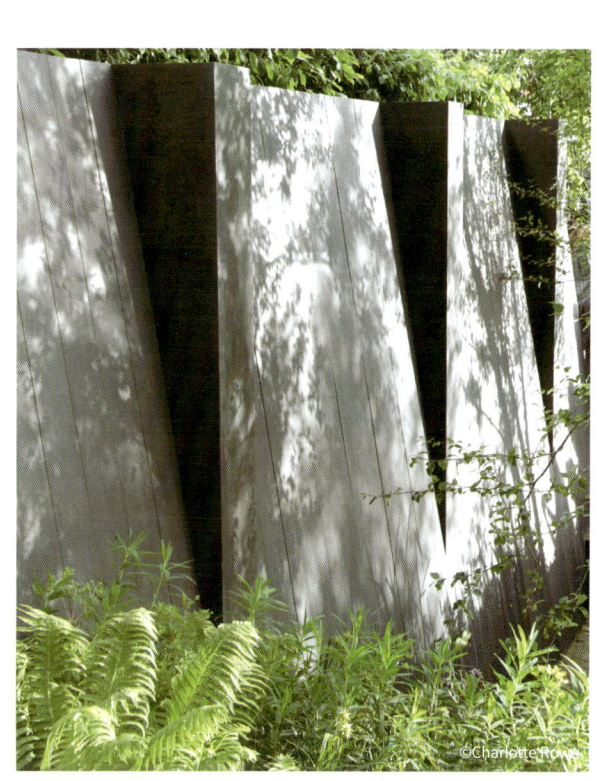

Riverside Terrace

템스 강변에 있는 2층 구조 아파트의 테라스 정원. 이웃과의 경계를 위해 벽면에 보다 많은 식재를 하고 계단에는 사각화분에 회양목, 야생화 등으로 계절감을 살렸다. 침실과 면해 있는 공간은 단풍나무 등으로 부드러운 분위기로 연출했다. ● London, UK

Family Garden in Putney

우아하고 모던한 공간을 콘셉트로 하여 잔디 대신 넓은 통로를 만들고 소파 공간, 부처상 장식 코너와 함께 알케밀라 등 그린 색의 다양한 식물을 볼륨감 있게 식재했다. ● London, UK

Large Roof Garden

130㎡ 면적의 옥상 테라스 정원이다. 넓은 공간에 소파와 티테이블을 설치하고 계절에 따라 다양한 가드닝을 즐기는 공간이 마련되었으며, 밤에는 파고라 등에 설치된 조명으로 아름답다. ● Heamstead, UK

Charlotte Rowe

©Charlotte Rowe

Islington Courtyard

타운하우스에 있는 40m² 좁은 공간에 꾸민 정원이다. 벽난로, 아침식사 테이블, 실외 샤워기 등을 배치하는 등 다양한 공간을 조성하기 위해 한쪽 면은 레벨을 낮추어 디자인했다. ● Islington, UK

Notting Hill Garden

현대적인 도시 정원을 주제로 정원을 가로지르는 수로를 중심으로 관리가 용이한 식물을 심었다. L자형 빌트인 좌석 공간, 다이닝 공간 등을 만들고 돌로 된 플랜터, 둥근 형태의 허브용 플랜터를 배치했다. ●London, UK

©Charlotte Rowe

Darren Hawkes
United Kingdom

다렌 혹스 | 영국

대담한 설치물과 섬세한 플랜팅이 대조를 이루는 디자인

영국 남서부 콘월(Cornwall)을 중심으로 일하며 정원의 크기와 상관없이 예술적 감각과 디테일에 가장 큰 우선 가치를 두고 작업하는 작가다. 때문에 그는 목수, 벽돌공, 화훼 재배업자 등 현장의 멋진 예술가들과 함께 작업하는 것이 커다란 즐거움이라고 설명한다. 그의 정원은 강한 느낌의 소재들과 부드러운 감각의 플랜팅이 균형 있게 조화를 이루는 것으로 유명하다. 식물과 제작물에 사용되는 소재가 각각 대조를 이루면서 서로의 존재감을 더욱 부각시키는 디자인으로 조화를 이루는 것을 볼 수 있다. 2015년, 2017년 첼시 쇼에서 금상을 받는 등 실력을 인정받고 있다.

주요 작품
Penzance Family Garden
MAGGIE'S CENTRE BARTS
Mawgan Porth

수상작
2017, 2015 첼시 쇼 금상

Darren Hawkes Landscapes
http://darrenhawkeslandscapes.co.uk

©Darren Hawkes

Linklaters Garden for Maggies

매기 암 센터에서 생활하는 환우와 가족들을 위한 정원을 재현한 것으로, 3.2m의 울타리가 정원을 에워싸고 있어 행사장 내에 아늑한 은신처 같은 공간을 만들었다. 콘크리트로 만들어진 벤치와 어프로치, 그리고 이를 마주보는 정원과 작은 수공간에는 부드러운 핑크와 그레이, 그린 톤의 식물을 식재해 조용하고 은은한 분위기를 연출했다.

● 2017 Chelsea Show

©Darren Hawkes

207

Darren Hawkes

209

Darren Hawkes

211

Darren Hawkes

Brewin Dolphin Garden

콘월(Cornwall) 지방의 풍경에서 영감을 받은 이 정원은 4만개 이상의 슬레이트 조각으로 바닥을 조성하고 정원 가운데 임팩트 있는 조각을 세웠다. 돌을 깎아 만든 존재감 있는 벤치 주위로 영국 느릅나무와 섬세하고 생기있는 컬러의 초화류를 심어 대조를 이룬다. ●2015 Chelsea Show

Darren Hawkes

215

Darren Hawkes

Darren Hawkes

217

The SeeAbility Coutts Garden

시각 장애인들이 경험하는 다양한 환경을 설명하고자 만든 정원이다. 대담한 형태의 구조물에 대비되는 색상의 밝은 컬러 식물들을 무리지어 심고 서어나무를 둘레에 식재했다. 중앙 연못에는 수천 개의 스테인레스 스틸 볼을 커튼 형식으로 설치하여 형태와 질감, 빛을 자연스럽게 느낄 수 있게 했다. 그외 슬레이트로 된 통로, 참나무 벤치도 인상적이다. ● 2013 Chelsea Show

Darren Hawkes

Mawgan Porth

나무를 깎아 만든 심플한 형태의 벤치와 브라운 컬러의 파이어 피트가 이 정원의 포인트이다. 그라스와 야생화를 부분적으로 심어 관리가 용이한 실용적인 디자인을 추구했다. ● Cornwall, UK

©Darren Hawkes

Darren Hawkes

Small Courtyard

주택에 딸린 작은 정원에 바닥과 플랜터, 조각 작품을 회색으로 통일해 조화를 이뤘다. 큰 사각 플랜터에는 사초를 심어 부드러움을 살렸다.

Darren Hawkes

229

Darren Hawkes

South Hams

바닷가 절벽에 위치한 정원은 원래의 형태를 살리면서도 돌을 사용한 정교하면서도 균형 잡힌 벽과 계단으로 웅장함을 더했다. 식재는 작은 다년초와 그라스로 연출했다. ● Devon, UK

Darren Hawkes

233

Darren Hawkes

Darren Hawkes

Penzance Familly Garden

큰 바위를 대담하게 배치하고 나무로 구조물을 세웠다. 군데군데 그룹을 지어 식물을 심어 단순하면서 조화를 이룬 정원이다. ● Penzance, UK

237

Darren Hawkes

Darren Hawkes

241

Darren Hawkes

SPECIAL
GERTRUDE JEKYLL
GARDEN

THE QUEEN OF GARDEN

거트루드 지킬의 디자인을
복원한 포멀한 정원

Icon of English garden history

윌리엄 니콜슨이 그린 지킬의 초상화
Gertrude Jekyll

거트루드 지킬의 디자인을
복원한 포멀한 정원

거트루드 지킬(Gertrude Jekyll, 1842-1932)은 오늘날 유럽 가든 디자인에 가장 큰 영향을 준 영국의 대표적인 가든 디자이너이다. 생전에 영국, 유럽, 미국에 400개가 넘는 정원을 디자인 했고, 전원 생활과 정원을 주제로 한 1천여개의 글을 쓴 예술가이자 작가이기도 하다.

그러나 현재까지 원형이 보존된 곳은 헤스터콤(Hestercombe) 정원을 포함한 몇 곳 외에는 남아있지 않다. 포멀 스타일과 자연의 아름다움을 중요하게 생각한 그녀는 정원과 식물을 디자인할 때 구조, 비례, 컬러, 향기, 텍스쳐를 항상 염두에 두고 작업했다.

그녀의 대표작 중 하나인 거트루드 지킬 정원은 1908년 65세의 거트루드 지킬이 업튼 그레이(Upton Grey)에 있는 예술공예운동의 주역인 찰스 홈즈(Charles Holme)의 저택 정원을 디자인한 것이다. 경사면에 위치한 4.5에이커 면적에 포멀가든과 와일드 가든으로 구성되어 있고, 장미 정원, 과수원, 키친가든, 테니스장, 연못 등이 속해 있다.

지금은 매년 5월에서 7월까지, 약 3개월 동안 세계 각국의 정원 애호가들이 방문하는 유명한 곳이지만, 사실 이곳은 30년 전만 해도 잡초가 우거진 폐허에 가까운 곳이었다. 1984년 복원 작업이 이루어졌는데, 그녀가 조성 당시 그린 기초 디자인(캘리포니아 Reef Point Collection)에 의거해 흙, 초화류, 나무 등 하나하나 정교하게 되짚는 과정을 거쳐 오늘날에 이르게 되었다.

Open | 매년 5월~7월, 월~금, 오전 9시~오후 4시
Location | Upton Grey, nr Basingstoke, Hampshire, England, RG25 2RD, UK
(런던에서 자동차로 1시간 30분 거리)

http://gertrudejekyll.co.uk

Gertrude Jekyll Garden

Gertrude Jekyll Garden

250

Special Garden

Gertrude Jekyll Garden

Gertrude Jekyll Garden

Robert Myers
United Kingdom

©Allan Pollok-Morris

로버트 마이어스 | 영국

역사와 전통에 현대적 감각을 더한 균형 있는 디자인

2018년 SGD 영국 가든 디자이너 협회 대상을 받은 그는 전통과 현대 감각을 균형 있게 조화시키는 작품으로 유명한 작가다. 그의 작업은 역사적인 건축물이나 장소의 미적 요소를 잘 살리면서, 지역에 적합한 식재 구성을 큰 특징으로 한다.

공공시설과 개인 정원 뿐 아니라, 학교의 정원 작업도 다수 진행했는데, 매우 혁신적이고 세련된 동시에 우아하고 실용적인 연출로 인정을 받고 있다. 다양한 아티스트와 협업해 이루어지는 작업은 제한된 공간 속에서 섬세하고 정교하게 연출해 다양한 분위기의 정원을 선보이고 있다. 매직 가든, 런던 인앤아웃 클럽(In and Out Club)과 같이 공원 및 대학, 공공시설 등의 개발 프로젝트 분야에서도 활발히 작업 중이다.

주요 작품 및 경력
Commonwealth House Roof top
Bowes Lyon Rose Garden, RHS Wisley
Cathedral Green, Exeter

가든쇼 수상작
2017 Society of Garden Designers 대상
2016 Association of Professional Landscaper 수상
2013 첼시 쇼 금상

Robert myers Associates
www.robertmyers-associates.co.uk

Brewin Dolphin

정적이며 프라이빗한 이 정원은 단순하면서 기하학적인 공간 배치, 수공간과 돌, 목재, 식물들이 편안하고 자유로운 분위기를 연출한다. 주로 영국의 토종 식물을 사용해 입체적인 텍스처를 살렸고, 안쪽에는 유쾌한 소통의 장을 위해 군데군데 테이블 공간을 설치했다. ● 2013 Chelsea Show

Robert Myers

Cancer Research UK

수변 공간, 식물, 통나무, 바위 등을 이용해 해안의 랜드 스케이프를 재현한 이 정원은 '생존'이라는 테마로 구성되었다. 테라스, 해변, 한적한 공간까지 해안에서 생존 가능한 식물을 중심으로 식재되었는데, 각 코너의 개성을 살린 디자인이 흥미롭다. ●2011 Chelsea Show

259

Robert Myers

261

Robert Myers

Cancer Research

정원에 난 길을 따라 걸어가면 어둡고 거친 곳에서 밝고 부드러운 이미지로 점차 바뀌면서, 식물의 컬러도 단색에서 화려하게 점차적으로 변화한다. 가는 목재 파티션으로 벽을 만든 회랑으로 둘러쌓인 정원, 수련이 있는 연못은 명상과 깨달음의 공간을 상징하고 있다. 둥글게 뚫린 파고라 천장으로 경치를 감상할 수 있다. ● 2010 Chelsea Show

Robert Myers

263

Robert Myers

Eardisley Park

수공간과 단순한 식재, 레벨의 변화를 활용해 매우 대담한 풍경을 연출한 20,234m² 면적의 넓은 개인정원. 길게 이어진 수공간을 중심축으로 삼아 다양한 공간을 형성하고 있다. 사분면으로 이루어진 포멀가든에서는 야생화와 봄 구근류를 볼 수 있다. ● Herefordshire, UK

Robert Myers

267

Robert Myers

The Freeth

원형이 잘 유지되고 있는 전원 속 팜 하우스의 정원에 디자인을 더한 프로젝트다. 오래된 나무와 기존 가든의 구성을 유지하면서 전체적으로 새로운 정원과 자연스럽게 이어지도록 연결시킨 것이 포인트이다. 나무가 우거진 곳은 음지 식물을 주로 심고, 건물과 연결된 화단은 장미를 비롯한 다양한 초화류로 조성했다. ● Herefordshire, UK

©Alex Ramsay

Sarah Price
United Kingdom

사라 프라이스 | 영국

회화적인 디자인으로 촉망받는 젊은 가든 디자이너

미술을 전공한 사라 프라이스는 예술적 재능과 식물과 자연환경에 대한 애정을 바탕으로 한 정원 디자인으로 유럽에서 빠른 기간 내 주목받는 가든 디자이너가 되었다. 그녀의 정원은 한 폭의 그림을 보는 듯 한 회화적인 매력을 갖고 있다. 2012년 런던 올림픽 가든에 참여하면서 커리어에 큰 획을 그었으며, 포스트 올림픽 프로젝트에도 연이어 참가했다. 조말론(Jo Malone London)이 후원하는 맨체스터(Manchester)의 한 갤러리의 아트 가든(Art Garden), 커뮤니티를 위한 놀이 공간 등 다양한 시도를 계속하고 있다. 셰필드 대학(Sheffield University) 조경학과에서 플랜팅 디자인 강의를 맡고 있으며 뉴욕 식물원, 큐 가든, 왕립 아카데미, 런던 왕립 지리 학회에서 강연을 해 왔다. 가든 잡지 'Garden Illustrated'과 'House and Garden' 등에 기고하며 2016년에는 올해의 가든 칼럼리스트 상을 수상하기도 했다.

주요 작품
런던 올림픽 가든 디자인
런던 시내 Cadogan 카페
단편 영화 'Priona' 제작

가든쇼 수상작
2016 첼시 쇼 최고상
2012 첼시 쇼 최고상, 금상
그 외 싱가포르, 일본, 미국 등 가든쇼 수상

sarahpricelandscapes
http://sarahpricelandscapes.com

Daily Telegraph Garden

거친 돌과 물을 배경으로 펼쳐지는 섬세한 플랜팅이 영국의 로맨틱한 자연 풍경을 재현하고 있다. 각 공간의 레벨 차이를 두어 좁은 공간이 확장되어 보이는 효과를 더했다. 여기에 사각 형태의 구리로 만든 두 개의 연못과 퍼즐처럼 맞물린 바위 뒤로 18개의 다관형 자작나무가 포인트가 된다. ● 2016 Chelsea Show

Sarah Price

QVC Garden

구멍을 낸 벽, 산화한 구리 거울, 돌로 쌓은 벽면 등 일상적이지 않은 배경을 세운 정원 디자인이다. 꽃을 주로 사용한 식재에서 벗어나 부드럽고 섬세한 잎의 텍스처를 살려 차별화에 성공했다. 깃털처럼 부드러운 잎과 화이트 혹은 보라색 꽃들이 전체적으로 멋스러운 조화를 이룬다. ● 2008 Chelsea Show

GVC Garden

크지 않은 규모의 가든이었지만, 유명한 정원 비평가인 리차드슨(Tim Richardson)이 '2007년 첼시쇼에서 가장 흥미로운 정원'이라고 평가하면서 큰 주목을 받았다. 회갈색 벽면에 화려한 퍼플, 브라운, 골드 칼라의 플랜팅이 조화를 이루고, 다관의 모감주 나무로 밝은 포인트를 주었다. ●2007 Chelsea Show

281

Sarah Price

Olympics Gardens Asia

플랜트 디자이너 나이젤 던넷(Nigel Dunnett)과 협업해 조성한 2012 런던 올림픽 기념 가든이다. 식물의 텍스처와 잎이 주는 아름다움을 강조한 디자인으로 기존의 올림픽 정원과 차별화된 이미지를 보여줬다. 삼림지대의 공터나 숲 가장자리에서 영감을 얻어 블랙에 가까운 아이리스, 호스타, 백합, 추명국, 그라스 등으로 극적인 임팩트를 준다. ● London, UK

Sarah Price

Olympics Gardens North America

19세기 후반 이후 미국 프레리의 늦여름이나 가을철 꽃이 만발한 풍경은 영국 가든에 많은 영향을 끼쳤다. 이 정원은 여기에 착안해 그라스를 전체적인 배경으로 삼고 아스터, 루드베키아, 미역취 등을 주역 삼아 디자인했다. 제임스 히치모(James Hitchmough)와 함께 만든 것으로, 사라져가는 미국 프레리를 재현하고 있다. ●London, UK

289

Sarah Price

Olympics Gardens Southern Hemisphere

올림픽 가든 플랜팅에 가장 큰 영감을 준 것은 자연이 주는 기적이다. 이 정원은 남아프리카 산맥의 그라스 언덕에 여러 식물이 교차되어 펼쳐지는 장면을 재현하면서, 지구 반대편 멀리에서 식물을 탐험하는 사람들에 대한 경의를 표시하고 있다. 역시 제임스 히치모(James Hitchmough)와 협업한 작품이다. ● London, UK

Sarah Price

293

Sarah Price

Sarah Price

Cadogan Cafe

런던 중심부에 위치한 이 카페는 300여 명의 디자이너가 응모한 공모전의 우승작으로 디자인 회사인 퍼닐라 오스텟 스튜디오(Pernilla Ohrstedt Studio)와 함께 작업했다. 단순한 유리 건물 외부에 가는 기둥을 세우고 이를 그라스와 상록수가 반복적으로 감싸 안은 형태로 완성되었다. 이 디자인은 건물과 정원에 음영과 투명함을 주면서, 유리카페와 식물이 마치 하나가 된 듯 보여진다. ● London, UK

©Sarah Price

Sarah Price

301

Sarah Price

Andy Sturgeon
United Kingdom

앤디 스터전 | 영국

대담하고 창의적인 식재로 건축과 조화를 이룬 디자인

1988년부터 가든 디자인과 랜드 스케이프 작업을 시작한 그는 영국에서 선정하는 10대 가든 디자이너에 2년 연속 선정되었다. 자연 소재를 이용해 파워풀하고 다이나믹한 공간을 창출하기로 유명하고, 창의적인 식재를 통해 대담한 가든을 구성한다. 특히 그가 디자인한 정원은 시간이 흘러도 변함없는 아름다움을 유지한다고 찬사를 받으며, 지금까지 첼시 플라워쇼에서 7번의 금상과 2번의 베스트가든 상을 받은 실력을 보여준다.

2013년에는 가든 디자인 아시아(Garden Design Asia)를 설립해 싱가포르, 홍콩 등 아시아 지역에 특화된 디자인 작업을 하고 있으며, 2013년 순천국제정원에도 참여했다. 그는 여러 모습의 자연과 다양한 가든 스타일, 건축물 등을 보기 위해 세계 여러 곳을 다니며 많은 사람들과 이야기를 나누며 영감을 얻는다고 한다.

디자인 작업 외에도 방송, 저작, 강연 등 분야에서도 왕성하게 활동하고 있으며, 저서로는 'Big Plants, Small gardens(2010)', 'House Plants(2006)', 'Potted(2001)', 'Planted(1998)' 등이 있다.

주요 작품
Piazza Vecchia
Royal Academy of Engineering/Westminster
Garden Rooms, Farnham Surrey

가든쇼 수상작
최고상, 금상 Daily Telegraph 가든(2016 첼시)
금상 M & G 가든(2012 첼시) | 최고상, 금상 Daily Telegraph 가든(2010 첼시) | 그 외 싱가포르, 일본, 미국, 한국 등에서 다양한 수상

Andy Sturgeon Design
www.andysturgeon.com

Daily Telegraph Garden

어린 시절 자연사 박물관에서 느낀 거대한 공간의 이미지를 정원으로 표현했다. 수백만 년에 걸쳐 형성된 지구에 비하면 사소하고 순간적인 우리의 존재를 되돌아보게 한다. 정원 또한 거대한 조형물에 둘러싸여 조용히 자리 잡고 있는데, 브론즈 조형물은 칠레의 안데스 산맥을 연상시키며 식재는 건조지역에 자라는 식물들이 주류를 이룬다. ● 2016 Chelsea Show

Andy Sturgeon

M & G Garden

예술공예운동(Art & Craft Movement : 20세기 초 유럽에서 산업혁명에 반대하여 수공예의 부활을 주장한 예술계의 변화)에서 영감을 받은 디자인으로 전통적인 공예의 감각을 기본으로 삼았다. 테라스와 계단은 이탈리아의 정형화된 디자인을 모티프로 하고, 멋진 풍경을 보여주는 좌우 공간을 물 위에 떠 있는 참나무 벤치로 이어준다. 에너지 흐름을 형상화한 청동소재 조각은 보석의 형태로 정원 전체에 걸쳐 극적인 시각 효과를 준다. ● 2012 Chelsea Show

Garden Rooms

2013년 영국조경협회상을 수상한 개인정원으로 20,000㎡(약 6천평) 크기의 넓은 면적을 리노베이션한 공간이다. 광활한 땅의 구역을 구분하기 위해 원추 모양의 나무를 심고 돌담으로 정원 전체를 연결하여 통일된 이미지를 준다. 주방 앞 공간은 허브와 다년초, 다관형 나무를 심고 숲속 정원에는 잎이 큰 고사리를, 직사각형 수영장 옆에는 키 큰 소나무를 심었다. ●Surrey, UK

©Andy Sturgeon  ©Andy Sturgeon

Royal Academy of Engineering

왕립기술학교의 전통적인 건물의 이미지에 정원 식재를 통해 현대적인 감각을 더했다. 물결무늬 자갈로 된 통로 옆으로는 기존의 회양목을 여러 가지 크기로 전정하여 리듬감을 준다. 검은 색 철제 난간에 유리로 된 직선 난간을 추가하여 모던한 분위기와 입체감을 살렸다. ● London, UK

Andy Sturgeon

Piazza Vecchia

매년 국제 랜드 스케이프 회의가 열리는 이태리 베르가모에 있는 베키아 광장은 세계에서 가장 아름다운 광장으로 불린다. 이곳에 회의를 기념하기 위해 조성한 공원으로 'The Feeding Landscape'라는 콘셉트를 갖고 건초더미를 중심으로 한 설치물을 만들어 화제를 낳았다. ● Bergamo, Italy

Andy Sturgeon

317

Andy Sturgeon

Kazuyuki Ishihara
Japan

카즈유키 이시하라 | 일본

섬세한 감성의 일본 정원으로 유럽 정원계를 매료시키다

국제적 명성을 자랑하는 일본 출신의 가든 디자이너로 세계를 무대로 활발히 활동 중이다. 그는 일본식 꽃꽂이를 시작하면서 꽃과 자연에 매료되어 꽃집을 운영하며 본격적인 가드닝 세계에 탐구했다. 이끼를 사용해 매우 정교하고 섬세하게 이루어지는 그의 가든은 2004년부터 지금까지 첼시 쇼에 선보이며 큰 인기를 끌고 있다. 다실이 있는 정원으로 독특한 일본정원의 아우라를 연출한 그에게 엘리자베스 여왕이 '정원의 마술사'라는 호칭을 붙여준 일화도 있었다. 첫 참가 이후 거의 빠지지 않고 첼시 쇼에 참가하며 수많은 메달을 수상해 왔다.

2018년에는 한국의 태화강정원박람회에 초청작가로 선정되어 '源(원, Minamoto)'이라는 제목의 순환의 정원을 조성하기도 했다.
최근에 그는 도시의 수많은 벽면 디자인에 관심을 갖고 빌딩 내외부의 벽면 녹화 작업을 많이 하고 있다. 이 외에도 다양한 개인 정원과 이벤트 정원 작업도 꾸준히 진행한다. 그는 2017 첼시 쇼에서 선보인 '개러지 가든(Garage garden)'처럼 식물과 사람의 공간을 조화롭게 모색하는 데 큰 가치를 두고 있다.

주요 작품
일본 하네다 공항 '꽃의 낙원'
웨스턴호텔 도쿄
㈜그랜드 비전 본사 벽면녹화

수상작
2017, 2016, 2014, 2007 첼시 쇼 금상
첼시 쇼 장인 가든 부분 6년 연속 금상
저서 세계 제일의 정원사가 일하는 법 등

Kazuyuki Ishihara Design Laboratory
http://www.kaza-hana.jp

©Kazuyuki Ishihara

No Wall, No War Garden

작은 오두막은 벽과 바닥에 투명한 소재를 사용하여 마치 물 위에 떠 있는 듯한 분위기를 보여주며, 어떤 방향에서 보더라도 아름다운 풍경을 즐길 수 있다. 이끼와 소나무, 아이리스, 단풍나무 등이 다양한 텍스처를 선사한다. ●2017 Chelsea Show

Kazuyuki Ishihara

©Kazuyuki Ishihara

321

Kazuyuki Ishihara

Kazuyuki Ishihara

323

Kazuyuki Ishihara

Garage Garden

사람과 차가 공존하는 공간을 만들어 시각적으로도 흥미로운 풍경을 연출했다. 작은 식재 공간을 치밀하게 기획하고 디테일 있게 작업해서 공간이 더 넓어 보이는 효과를 얻었다. 이끼로 벽면 녹화를 한 부분에 둥근 창을 내고 차고의 내부 공간의 아르데코(Art-deco) 스타일의 밝은 톤으로 연출하였다. ●2016 CHELSEA SHOW

Kazuyuki Ishihara

325

Kazuyuki Ishihara

Kazuyuki Ishihara

A Paradise on Earch Garden

어린 시절 읽은 동화에서 영감을 얻어 디자인한 것으로, 두 개의 방으로 나눠진 공간에는 각각 이끼와 나무를 소재로 구성했다. 포인트가 되는 단풍나무는 진한 레드, 밝은 그린과 옐로우 색이며, 물레방아와 작은 폭포 외에 작은 동그라미 형태의 이끼볼로 정원에 입체감을 더한다. ●2014 chelsea show

Kazuyuki Ishihara

©Kazuyuki Ishihara

Kazuyuki Ishihara

Aoyama Fairy House

'숲 속의 보석상자'라는 콘셉트로 벽면 녹화를 한 대표작이다.
건축가 안도 다다오(Ando Tadao)가 설계한 건물에
도심 속 녹색공간을 만든 웨딩하우스다. ● Tokyo, Japan

Grand Vision

도심 한가운데에 있는 회사 사옥으로 일본 최대의 벽면 녹화로 화제를 낳았다. 높이 7.9m, 폭 32.4m에 달하는 건물 사면의 벽을 그린 엑스테리어로 꾸몄다. ●Fukuoka, Japan

Aeon mall Makuhari

신도시 내 큰 규모의 쇼핑센터 중앙에 조성한 실내 조경 디자인. 중앙에는 심볼 트리를 심고, 수십 미터의 계단에 벽면 녹화를 해 방풍림의 역할도 겸하도록 했다. ● Makuhari, Japan

Kazuyuki Ishihara

Kaza - Hana

꽃집과 바가 있는 도심 주택가 건물에 벽면 정원을 한 사례이다.
이 곳에는 이시하라 디자인 연구소가 함께 있다. ● Tokyo, Japan

337

Kazuyuki Ishihara

Chris Beardshaw
United Kingdom

크리스 버드쇼 | 영국

조형물을 중심으로 테마와 식재를 연결한 가든 디자인

랜드스케이프 아키텍처를 전공하고 새로운 식물 콤비네이션을 적용한 가든 디자인으로 각광을 받고 있는 그는 풍광에 어울리는 조경과 지역에 맞는 식재와 디자인 작업으로 유명하다. 지난 16년간 영국 및 세계 여러 도시에서 다양한 정원 작업을 수행하고 있으며, 독특한 조형물을 이용하여 정원의 테마와 식재를 연결시키는 방식이 그의 대표적인 콘셉트이다. 쇼가든 분야에서도 널리 알려져 있으며 각종 RHS 쇼나 국제 가든 및 플라워 쇼에서 금상 및 최고상을 30여 차례 이상 수상했다. 그는 가드닝이 사람들의 생활을 훨씬 풍요롭게 바꿀 수 있다고 믿고 그런 신념으로 정원 작업을 이어가고 있다. 디자인 작업 외에도 각종 방송활동과 기부 프로젝트 등을 맡아 활발하게 활동하고 있으며, 그의 이름을 붙인 하이브리드 티 장미 'Chris Beardshaw Rose'의 판매액 일부를 기부하거나 다양한 단체와 협업하여 각종 자선활동도 벌이고 있다. '100 Plants that almost changed the World' 등을 직접 집필하고, 가든과 라이프스타일을 주제로 한 다양한 잡지에 꾸준히 기고 중이다.

주요 작품
An Englishman's Retreat
Morgan Stanley Garden
for Great Ormond Street Hospital

가든쇼 수상작
Chelsea 2017 은상, 인기상
Chelsea 2016 금상
Chelsea 2015 금상

Chris Beardshaw
http://chrisbeardshaw.com

©John Campbell

Morgan Stanley Garden

중심부의 로지아(loggia : 한쪽 이상이 트인 복도 혹은 정원으로 연결된 거실)를 중심으로 곡선의 길을 양쪽에 두고 정형과 비정형의 다양한 식재가 전개된다. 녹색의 유리 작품이 라임스톤 벽면에 장식되어 우드랜드 정원과 연결된다. 루피너스, 캄파뉼라, 아이리스를 배경으로 식재하고 오렌지 뱀부를 대조적으로 심었다. ●2017 Chelsea Show

Chris Beardshaw

343

Chris Beardshaw

Morgan Stanley Garden for Great Ormond Street Hospital

실제로 한 병원에 조성할 정원을 콘셉트로 디자인했다. 병원 의료진이나 환자의 부모, 가족이 녹색 공간에서 조용히 휴식을 취할 수 있도록 다양한 요소를 배려했다. 희망과 강함의 상징인 참나무로 기둥을 세운 파고라에 참나무 잎을 패턴으로 처리한 천장을 만들었다. 쇼가 끝난 후 이 정원은 영국 런던의 그레이트 오몬드 병원(Great Ormond Street Hospital)으로 이전되었다. ● 2016 Chelsea Show

345

Chris Beardshaw

Arthritis Research UK Garden

10대 시절, 관절염을 앓은 작가 자신의 경험을 바탕으로 정원을 통하여 같은 병을 가진 사람들과 그 가족들이 정서적 공감대를 이루며 함께 치유받을 수 있도록 섬세하게 계획된 정원이다. ●2013 Chelsea Show

©Chris Beardshaw

Chris Beardshaw

An Englishman's Retreat

뉴질랜드의 유명한 플라워쇼인 엘레슬리 국제 꽃 박람회(Ellerslie International Flower Show)에서 금상을 수상한 정원으로 길이 64m에 달하는 초대형 가든이다. 포플러 나무를 중심으로 호수를 바라보며 길게 늘어선 이 정원은 약 10,000여 개의 다양한 식물이 식재되었다. 전통적인 영국 스타일을 기반으로 작가의 플랜팅 기술을 더한 정원 디자인으로 손꼽힌다. ● 2010 Ellerslie International Flower Show

349

Chris Beardshaw

Chris Beardshaw

Kate Gould
United Kingdom

케이트 굴드 | 영국

어반 리빙, 리사이클링을 주제로 한 색다른 아이디어 가든

케이트 굴드의 작품은 전형적인 스타일의 정원에서 벗어나 색다르고 다양한 시도를 하는 것으로 정평이 나 있다. 2013 첼시 쇼에서는 침대나 욕조 등 재활용 물건을 이용해 정원을 디자인했으며, 2017 첼시 쇼에서는 도시의 아파트에서 시도해 볼 수 있는 대담한 컬러의 식물을 적용해 관람객들의 큰 관심을 끌기도 했다. 그녀는 첼시 쇼에 정원을 설치하는 동시에, 다양한 분야의 전문가들과 활발한 협업으로 공간을 조성하고 있다. 지난 20년간 정원 디자이너로 활동한 경력을 살려 소규모 어반 가든부터 대형 공공 프로젝트까지, 다양한 모양과 크기의 프로젝트들을 다루고 있다. 특히 도시 공간의 루프 가든, 테라스 가든에서는 그녀만의 세련되고 실용적인 스타일을 뚜렷이 볼 수 있다.

주요 작품
Kensington seriese garden
Hindhead glassic garden
Twickenham garden

수상작
2017 첼시 쇼 금상, 최고상
2013 첼시 쇼 금상
2010 첼시 쇼 은상

Kate Gould Gardens
http://kategouldgardens.com

©Kate Gould Gardens

City Living

실제 크기의 3층 아파트를 세우고, 여기에 오렌지색 대형 스탠드를 중심으로 다양한 식물을 적용한 공간을 제안했다. 유카, 기움, 샐비아 등 옥상 환경에서 키우기 쉬운 식물을 위주로 식재하고, 녹색 자체로 컬러감을 살려 앞으로의 실내 가든 트렌드를 제시했다. ●2017 Chelsea Show

The Wasteland

작가가 런던 생활을 통해 경험한 것들을 표현한 작품이다. 오래된 통나무와 바닥재, 침수 대비 배수구, 침대 스프링, 욕조 등이 의자나 패널 같은 정원의 구조물로 리사이클링되었다. 그늘진 공간에서 잘 자라는 식물들을 식재하여 인더스트리얼 콘셉트와도 조화를 이룬다. ● 2013 Chelsea Show

Kate Gould

361

A Joy Forever

테라스 하우스에 있는 선큰 가든은 젊은 커플이 사계절 내내 모임을 즐기고 휴식을 취할 수 있도록 조성했다. 단, 관리에는 최소한의 시간을 들이는 콘셉트다. 빗물을 재활용하는 관수시스템도 설치되어 있다. ●2010 Chelsea Show

©Team Garden Builders

Eco Chic

실제 아파트에 존재하는 가로 7m, 세로 5m 공간에 실행할 수 있는 아이디어를 집결한 프로젝트 정원이다. 벽면녹화, 음지 식물, 빗물 재활용 등이 적용된 사례로 좁은 도시 아파트에서도 평온하게 자연을 즐길 수 있게 연출했다. ● 2009 Chelsea Show

Kate Gould

©Kate Gould Gardens

Kate Gould

Kate Gould

Fernando Gonzalez
United Kingdom

페르난도 곤잘레스 | 영국

예술 작품 같은 정원으로 표현되는 디지털 랜드 스케이프 개척

지금까지 없었던 새로운 디자인으로 매번 프로젝트마다 새로운 개성을 읽을 수 있는 페르난도의 정원은 예술적인 소재와 컴퓨터 시스템의 생산 공정을 활용하여 동양적이면서도 현대적인 감각을 만든다. 유기적인 형태를 바탕으로 각 장소에 어울리도록 컴퓨터 디자인을 더해 정원 스타일을 구축한다. 그의 작품은 실제 아트 갤러리에도 전시될 만큼 미적 요소가 높으며, 간결하고 유연한 선으로 표현된다. 정원의 설치 시 앉을 수 있는 공간과 수조 등이 가능하며 자동관수 시스템과 조명 설비가 더해져 기능적인 면에서도 매우 실용적이다.

개인 공간에 적용하기 좋은 이 시스템은 고급스러운 테라스 하우스나 옥상 정원에 주로 적용되고 있다. 2018년 초에도 스페인에 새로운 프로젝트를 실시하는 등 파트너인 베트남 출신 작가 탕 보타(Thang Vo-Ta)와 함께 세계적으로 활동하고 있다.

주요 작품
VAUXHALL
REGENTS PARK, HYDE PARK
FITZROVIA

수상작
2015. 2013 첼시 쇼
2016, 2015 일본 가드닝 월드컵 수상

Fernando Gonzalez Garden Design
www.fernandogonzalez.co.uk

Pure Land Foundation Garden

CNC 컴퓨터 시스템으로 제작된 모형 내에서 앉을 수 있는 자리, 식물 심는 플랜터와 작은 수조까지 갖춘 유연한 선이 돋보이는 획기적인 스타일의 정원이다. 식재는 동남아 불교 예술이나 의식에 쓰이는 구리빛 레드 컬러를 주로 사용하여 전체적인 색의 조화를 이루고 다관의 모감주 나무가 전체 균형을 잡아준다. ● 2015 Chelsea Show

Fernando Gonzalez

©Allan Pollok-Morris

Fernando Gonzalez

©Allan Pollok-Morris

375

Hampstead Villa

방치되어 있던 긴 진입로를 새롭게 리모델링해 곡선형으로 만든 웰컴 가든. 둥글게 전정한 회양목에 관리가 쉬운 다년초, 그라스를 더해 입체감, 텍스처, 컬러감을 살린 정원을 만들었다. ●Hampstead, UK

Fernando Gonzalez

©Thang Vo-Ta

Fernando Gonzalez

Hyde Park Terrace

엘레강스하면서도 현대적인 분위기 속에 휴식을 취할 수 있는 정원으로 관리하기 쉬운 식재를 원한 수요자의 요청에 따라 디자인되었다. 광택 있는 구리 컬러의 산 모형에 단풍나무, 동백나무, 마호니아 나무를 멋스럽게 심었다. ●London, UK

Fernando Gonzalez

©Mark Vessey

383

Fernando Gonzalez

Japan Gardening Worldcup

옥상 정원을 위한 디자인으로 구름, 산, 물이 연상되는 스카이 블루 모형을 제작했다. 전체적으로 앉을 수 있는 자리를 배치하고, 그 사이마다 들판에서 볼 수 있는 자연스러운 풍경의 식재와 드라이 가든을 연상케 하는 자갈로 채웠다. ● 2016 Japan Gardening Worldcup

Fernando Gonzalez

©Kazuhisa Katsuragi

385

Fernando Gonzalez

Sophie Walker
United Kingdom

소피 워커 | 영국

정원을 종합적인 예술로 승화시킨 첼시의 최연소 작가

2014년 소피 워커는 첼시 플라워 쇼에 가든 뮤지엄(Garden Museum)의 지원을 받아 '케이브 파빌리온(Cave Pavilion)'을 선보이며 최연소 첼시 가든 디자이너로 널리 알려지게 되었다. 지금까지의 정원 개념을 보다 확장시켜 자유로운 형태와 공간을 제시하고 있는 그녀는 가히 신세대 정원 디자이너라 할 수 있다. 유럽, 미국, 아시아 지역 공공정원 부문에서 활발히 활동하고 있으며 우리나라에서도 2018 울산 태화강 정원박람회에 초청작가로 참여해 '보슬비 내리는 달의 정원(Drizzling Moon Garden)'을 조성한 바 있다. 그녀는 2017년 가을 오픈한 네덜란드 튈뷔르흐에 있는 듀폰 뮤지엄을 비롯하여 유명 건축가인 자하 하디드, 예술가 애니쉬 카푸어와 협업해 영국 국립 홀로코스트 기념관을 조성했으며, 인권 활동가인 헬렌 밤버를 기념하는 공원 조성 사업에도 홀로코스트 생존자들과 함께 참여하기도 했다. 2017년 발간한 일본 정원을 주제로 한 책은 영국, 프랑스, 이탈리아에 이어 중국에서도 출간되어 관심을 모으고 있다.

주요 작품
De Pont Museum
UK Holocaust Memorial Competition
The Butts London

수상작
2013 RHS 햄튼 코트 쇼 인기상 및 은상
2014 첼시 쇼 은상

저서 The Japanese Garden, 2017

sophiewalkerstudio
www.sophiewalkerstudio.com

©Sophie Walker

Cave Pavilion

파빌리온 구조에 덮인 정원은 들어가서 보는 것이 아니라 외부에서 보는 것만으로도 많은 생각을 품게 하는 디자인이다. 마치 벽에 걸린 그림처럼 하나의 프레임 속에 드러나는 정원은 야생의 희귀식물들로 가득 채워져 있다. 이 식물들 중 상당수는 거의 알려지지 않은 생소한 종류로 자연 강우를 모방한 관수 시스템과 태양빛에 최대한 비슷하게 만든 조명 안에서 존재하고 있다. ● 2014 Chelsea Show

Sophie Walker

Sophie Walker

A Valley Garden

거울처럼 반사되는 긴 수조 사이로 삼각형의 길이 가로 지른다. 빈틈없이 식재된 양쪽의 언덕은 희귀하고 특이한 식물들로 둑을 형상하고 물가 주위로 자연스럽게 경사를 이룬 형태이다. 잎의 모양과 질감에 중점을 두고 설계되었다.

● 2013 RHS Hampton Court Palace Flower Show

Sophie Walker

Jungle Box

호수 안에 숲을 담은 콘크리트 구조물이 서 있고, 경사진 진입로는 구조물 사이를 연결하면서 그 숲을 감상할 수 있는 길이 된다. 공간을 따라 내부로 이동하면 구조물 바닥의 숲의 느낌이 나무로 된 캐노피까지 그대로 이어진다. ●Sri Lanka

De Pont Museum

벽돌로 만들어진 연못에는 애니쉬 카푸어(Anish Kapoor)의 작품 '하늘 거울(Sky Mirror)'이 설치되어 이 거울을 통해 관람객들은 정원을 감상할 수도 있다. 아래쪽으로 향하는 길은 야생에서 채집한 희귀하고 새로운 식물들이 빽빽하게 심어져 있다. 많은 식물이 네덜란드 현지에서 조달된 것들로 사계절을 명확하게 표현할 수 있도록 설계되었다. ●Tilburg, Netherlands

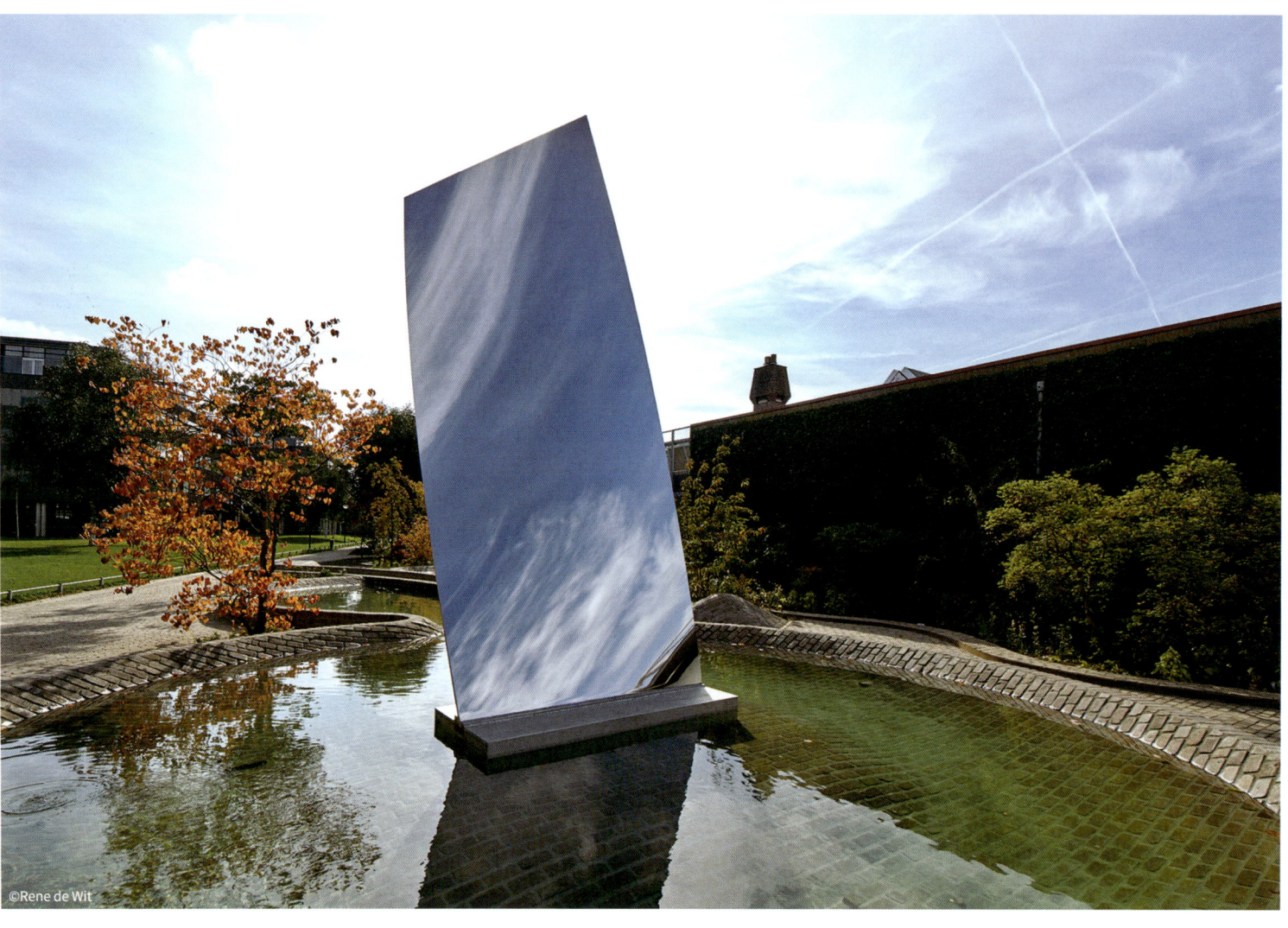
©Rene de Wit

SPECIAL
GARDEN FESTIVAL

CHELSEA FLOWER SHOW

영국 첼시 플라워쇼와
프랑스 쇼몽 플라워 페스티발

CHAUMONT-SUR-LOIRE

세계 최고 정원 디자이너들의 축제
영국 첼시 플라워 쇼

영국의 왕립원예협회(RHS : Royal Horticulture Society)에서 주관하는 행사로 1912년부터 매년 5월 하순 4~5일 동안 열린다. 2017년 집계를 보면 세계 각국에서 참여한 정원 관계자와 일반 방문객 수가 16만명에 이를 정도로 매년 성황리에 개최되는 명실공히 최고의 플라워 쇼다. 첼시 쇼는 다양한 식물이 소개되는 그레이트 파빌리온과 쇼 가든, 아티잔 가든 등의 전시 구역과 여러 정원 물품을 직접 보고 구매할 수 있는 판매 구역으로 구성된다. 이 중 정원을 축소해 만든 모델 정원이 최고의 볼거리로 꼽히고, 매년 정원 디자이너들의 쇼 가든이 전시되어 각축을 벌이는 장소이기도 하다. 모델 정원은 전체적인 조화, 디자인과 건축, 정원의 식물들, 특별한 장식 등 4가지 항목의 평가를 종합하여 메달을 수여한다.
정원 디자인 뿐 아니라 다양하고 새로운 품종의 꽃과 나무, 화분과 정원 장식품들도 한 자리에서 볼 수 있다.

open | 매년 5월 하순경 4~5일, 오전 8시~오후 8시(마지막날은 5시 반)
location | 1 East Rd Chelsea, London SW3 4NE, UK

www.rhs.org.uk

사진 | 김원희

Chelsea Flower Show

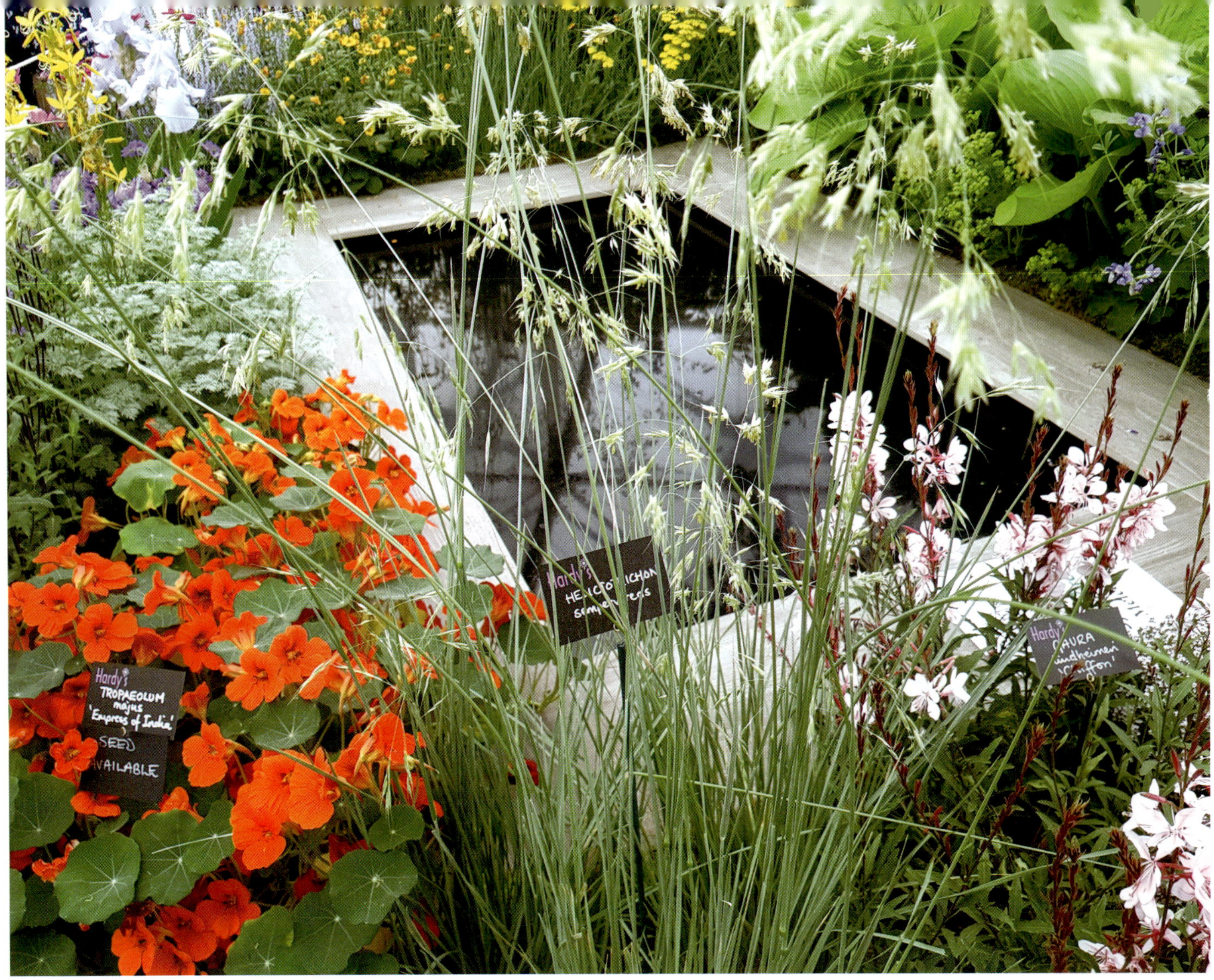
Hardy's
TROPAEOLUM
majus
'Empress of India'
SEED
Hardy's
Hardy's

Malcolm & Susie - 40 glorious years

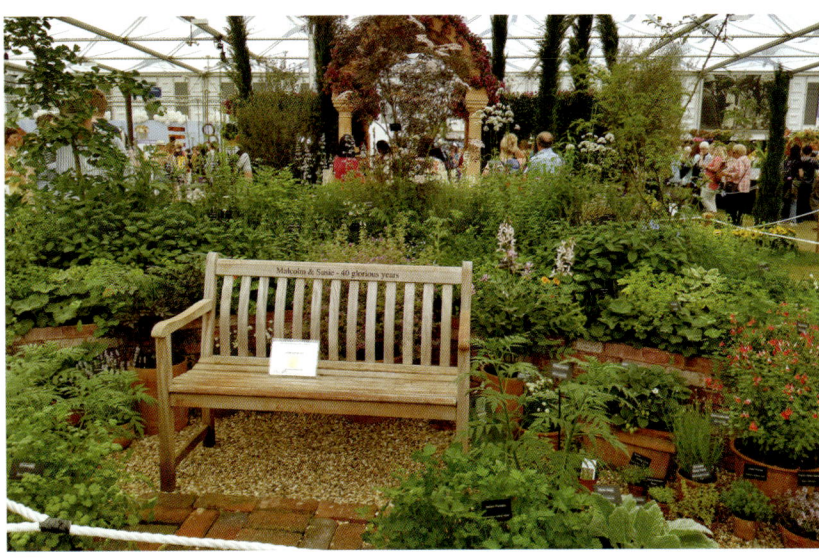

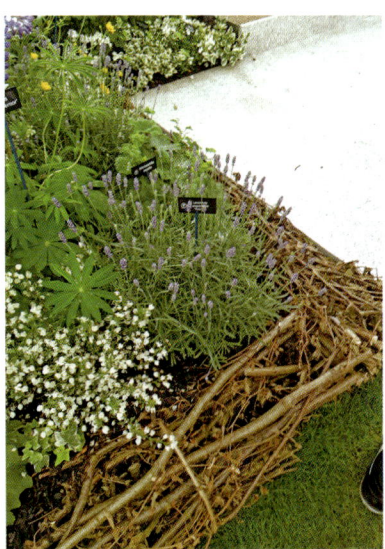

정원에 예술이 되는 곳
프랑스 쇼몽 국제 플라워 페스티발

쇼몽 국제 플라워 페스티발은 매년 4월부터 11월까지 프랑스 파리 남서부에 있는 루아르 강변의 쇼몽 성에서 이루어지는 행사다. 아름다운 자연과 멋스러운 고성이 어우러진 이곳은 쇼몽 성에 딸려 있던 3.5ha 규모의 농장 부지를 각각 250㎡씩 30개의 소공간으로 구획해 놓았는데, 각각의 정원 부지는 종 모양 혹은 튤립 모양을 띠고 있다. 축제에서는 세계 각국의 정원 디자이너뿐만 아니라 음악가, 건축가 등 다양한 아티스트들이 그들 나름대로 해석한 창작 정원을 매해 선보인다. 우리에게는 쇼몽 정원 페스티발로 알려져 있으나 정원 이외에도 자연과 예술을 소재로 세계 각국 아티스트들의 수준 높은 비주얼 아트 작품이 쇼몽성의 각 건물이나 정원에 설치되어 그 작품들을 감상하는 데 한나절 이상이 걸린다.

정원도 하나의 예술작품이라고 한다면 자연을 소재로 한 다양한 작품을 한 곳에서 볼 수 있는 좋은 기회로 이를 제대로 즐기기 위해서라면 1박 2일 코스를 추천한다. 아름다운 성과 넓은 초원을 산책하며 마주 하는 정원과 작품들은 큰 감동을 준다.

open | 매년 4월~11월, 오전 10시~오후 6시(계절에 따라 폐장 시간이 다름)
location | DOMAINE R-GIONAL DE CHAUMONT-SUR-LOIRE
41150 CHAUMONT-SUR-LOIRE
쇼몽 쉬흐 르와르는 프랑스 파리에서 남서쪽 자동차로 2시간 거리에 위치하고 있다.
www.domaine-chaumont.fr

사진 제공 | 쇼몽 플라워 페스티발

411

International Garden Festival of Chaumont-sur-Loire

412

Flower Show

414

Flower Show

International Garden Festival of Chaumont-sur-Loire

416

Flower Show

417

International Garden Festival of Chaumont-sur-Loire

INDEX

p010 SCAPE DESIGN
- 27 Boulevard des Moulins MC98000, Monaco, France
- www.scapedesign.com
- @BassonJames

p040 Jo Thompson Landscape and Garden Design
- Michelin House, 81 Fulham Road, London, SW3 6RD, UK
- www.jothompson-garden-design.co.uk
- @jothompsongarden

p060 Tom Stuart-Smith Ltd Landscape Design
- 90-93 Cowcross Street, London, EC1M 6BF, UK
- www.tomstuartsmith.co.uk
- @tomstuartsmith

p068 Harris Bugg Studio
- Hems Studio, 86 Longbrook Street, Exeter, EX4 6AP, UK
- www.harrisbugg.com
- @harrisbuggstudio

p084 James Alexander-Sinclair
- Green Rise, Ledwell, Oxfordshire, OX7 7AN, UK
- http://jamesalexandersinclair.com
- @jamesasinclair

p156 Adam Frost Design
- The Barn Villa Farm Barnack Stamford PE9 3DY, UK
- http://adamfrost.co.uk
- @adamfrostdesign

p184 Charlotte Rowe Garden Design
- 118 Blythe Road, Brook Green, London W14 0HD, UK
- http://charlotterowe.com
- @charlotterowegardens

p204 Darren Hawkes Landscapes
- Unit 11, Windmill Industrial Estate, Fowey, Cornwall, PL23 1HB, UK
- http://darrenhawkeslandscapes.co.uk
- @darrenhawkeslandscapes

p254 Rober Myers Associates
- Michelin House, 81 Fulham Road, London, SW3 6RD, UK
- http://robertmyers-associates.co.uk
- @robertmyersassociates

p272 Sarah Price Landscapes
- 4 The Chain 90 Chapel Road Abergavenny Monmouthshire NP7 7BN, UK
- http://sarahpricelandscapes.com
- @sarahpricelandscapes

p302 Andy Sturgeon Design

- The brighton studio 7 Marlborough Place, Brighton East Sussex, BN1 1UB, UK
- www.andysturgeon.comk
- @andysturgeon

p318 Kazuyuki Ishihara Design Laboratory

- 6F Teito Shibuya Building, Nanpeidai-cho, Shibuya-ku, Tokyo, Japan
- http://www.kaza-hana.jp
- @kazuyuki.ishihara

p338 Chris Beardshaw

- Staverton Court, Staverton, Cheltenham, GL51 OUX, UK
- http://chrisbeardshaw.com
- @chrisbeardshawdesign

p352 Kate Gould Gardens

- 26 Aldenham Road, Radlett, Hertfordshire WD7 8AX, UK
- http://kategouldgardens.com
- @kategouldgardens

p370 Fernando Gonzalez Garden Design

- 69 Shalimar Gardens, London, W3 9JG, UK
- http://www.jothompson-garden-design.co.uk
- @FGgardendesign

p0386 Sophie Walker Studio

- Unit 212 Avro House, 5 Havelock Terrace, London, SW8 4AS, UK
- www.sophiewalkerstudio.com
- @walkergarden

p106 Special Garden Designer Piet Oudolf

- Broekstraat 17 6999 DE Hummelo, NL
- https://oudolf.com
- @oudolf

p242 Special Garden Gertrude Jekyll arden

- Upton Grey, nr Basingstoke, Hampshire, England, RG25 2RD, UK
- http://gertrudejekyll.co.uk

p396 Special Garden Show

RHS Chelsea Flower Show

- 1 East Rd Chelsea, London SW3 4NE, UK
- www.rhs.org.uk

International Garden Festival of Chaumont-sur-Loire

- Domaine R gional De Chaumont-Sur-Loire 41150 Chaumont-Sur-Loire, France
- www.domaine-chaumont.fr

ⓒ주택문화사

이 책은 저작권법에 의하여 보호를 받는 저작물이므로 무단전재와 복제를 금합니다.
파본 및 잘못된 책은 바꾸어 드립니다.